小さなリズム

人類学者による「隈研吾」論

ソフィー・ウダール＋港 千尋 著

日本語版に寄せて……港 千尋

日本語版へのあとがき……隈 研吾

加藤耕一（監訳）・桑田光平・松田 達・柳井良文 訳

鹿島出版会

KUMA KENGO
UNE MONOGRAPHIE DÉCALÉE
by Sophie Houdart & Chihiro Minato. Afterword : Kengo Kuma.

Published 2016 in Japan by Kajima Institute Publishing Co., Ltd.
Japanese translation rights arranged with éditions donner lieu
through Japan Uni Agency, Inc., Tokyo.

日本語版に寄せて

港　千尋

人類学者と写真家による建築の本。小さいながらも、世界的に見てあまり前例のないスタイルの著作が世に送り出されたのは、何よりもわれわれが隈研吾氏と出会ったからであり、そしてドネ・リューという名の出版社が強い興味を持ったからである。ここでわれわれの研究の背景と本書の成立に簡単に触れることで、この本のプロフィールを伝えたい。

ソフィー・ウダールは、フランスの社会学者ブルーノ・ラトゥールに師事した、気鋭の人類学者である。現在はフランス国立科学研究所の研究員として活躍しているが、彼女が最初のフィールドワークの対象として選んだのは、日本の遺伝学の研究所だった。人類学者が生物学の研究所を対象にするというのは、やや奇異に聞こえるかもしれないが、これはブルーノ・ラトゥールが切り開いた科学人類学のストレートな実践である。

ラトゥールらが一九八七年に公刊した『科学が作られているとき――人類学的考察』（川崎勝・高田紀代志訳、産業図書、一九九九年）は従来、民族学のフィールドワークで採用されてきた記述の方法論を、実験室における科学者に応用して得られた成果である。この場合、民族誌《エスノグラフィー》の対象は、狭義の「民族」だけでなく、「人間集団」一般へと拡張することが可能であり、それを通してある集団の特徴や性格をその行動から明るみに出すことができる。ラトゥールらは、実験室における人間と実験対象とを、主体―客体という従来の二分法ではなく、人もモノも対等のアクターあるいは構成員としてひとつのネットワークを構成しているという立場をとり、科学的な研究成果はこのネットワーク内の相互関係から生産されると考えた。一般的に「アクター・ネットワーク」と呼ばれる理論は人類学者としてのウダールの出発点でもあり、それが本書における建築事務所の民族誌的記述として採用されている。

私がウダールと最初に出会ったのは、いわゆる愛知万博（二〇〇五）のコンセプトづくりの段階で一九九九年のことだった。「愛・地球博」という名称になる前の段階で、ウダールは遺伝学の実験室の次の研究対象として「万博」を考えていた。そこでコミッティーから会場計画案を依頼されていた隈研吾氏とも知り合うことになったわけである。われわれが考えていた自然と人間との関係を再考するにあたって、総合テーマを提唱した中沢新一をはじめ、ブルーノ・ラトゥール、その思想的先輩にあたるミシェル・セールといった学者や思想家らの革新的な考え方は重要な役割を果した。しかし基本計画は、現実的にはまったく採用されずコミッティー自体も解散させられてしまったが、そのプロセス自体の観察をもウダールは続けていた。当初は私も隈氏とともに、ひとつのプロジェクトの「構成員」であったわけだが、その過程で現代建築自体に興味を持ったウダールとともに、今度は建築のつくられ方を共同で研究してみようということになった。このエピソードをあえて記すのは、このプロセスにおいて人類学の新しい挑戦と、建築の新しい挑戦とがクロスしたように思うからである。

万博はフランス語で「エクスポジシオン・ユニヴェルセル」である。近代西欧が、それがよって立つところの進歩主義を、普遍的な価値を持つ「大きな物語」として世界へあまねく知らしめるという思想から生まれたのが万国博覧会だということは、あらためて言うまでもない。だが、その進歩主義が一方でどれだけ悲惨な結果を招いているかを、日本はどのように表現できるのだろうか。近代という「大きな物語」をその思想レベルで徹底的に解体しつくすラトゥールらの立場を共有すれば、万博という国家事業をも同じように、その基盤から考え直さなければならない。この点で隈研吾氏が当時進めていた、「小さな場所」からの建築という発想は、ウダールと私にとって、独創的かつ挑戦的な思想として現れた。なぜそのような発想が生まれ、どのようなプロセスを経て実現されてゆくのか、その解明を試みたのが本書ということになる。言葉を代えれば、人類学を含む諸科学や写真や建築を含む諸技術を生み出した近代を、それが実践されている「現場」のなかに求め、人間、モデル、イメージといった複数のアクターの間に起きるインタラクションをつぶさに観察することを通じて、「大きな物語」とは別の道を見つけようとしたとも言えるだろう。

実現された建築を取材し、本書に収録したのは《那珂川町馬頭広重美術館》、《石の美術館》、《銀山温泉 藤屋》、《那須歴史探訪館》である。通常の「建築写真」とは異なるアプローチが採られているが、そこには建築そのものだけでなく、それがどのように「場所」との関係をつくり出しているかを見るという目論見がある。「小さな場所」とそれが長い時間をかけて伝えてきた物質と知の結びつきは、建築家の思想であるとともに、われわれにとっても重要なテーマであった。

　実際に訪れ、それぞれの建築に使われる材料や驚くような組上げの発想を目の当たりにして、小さな場所はそれ自体がひとつの思想であり、ポテンシャルであることを実感した。物質とそれを変形する知が、場所と職人の経験、それらが取り込まれた建築家の肉体のうちから、ひとつの融合体として実現されてゆくようなダイナミズムに、まったく息をのむ思いだった。フランスのパリに本拠地を置く小さな出版社「ドネ・リュー」から本書を出したいと連絡を受けたとき、その名が「場所を与える」あるいは「場所を贈与する」という意味であることに、偶然ではないという気がしたのも、そのような経験があったからだと思う。

　原書は二〇〇九年だが、日本語版の出版ははからずも3・11の後になった。この間に隈研吾氏を含め多くの日本の建築家たちが、近代文明を正面から問うような発言や実践を再開し、「別の道」とそのために必要な思想を示そうとしていることは、日本のみならず世界の建築界にとっても重要なことだと思う。小さな場所から生まれた小さな本書が、少しでもそこに寄与できれば、ウダールと私にとってこれ以上の喜びはない。

　隈研吾氏には瀬戸の森に始まり、東京の事務所やパリなどでも、多忙な時間を割いていただきお話をうかがった。また調査や撮影取材には隈研吾建築都市設計事務所、撮影先の諸団体にほんとうにお世話になった。日本語版の編集を担当していただいた相川幸二氏も含め、この場を借りてすべての方に心から感謝したいと思います。

小さなリズム　人類学者による「隈研吾」論

原書はフランス国立書籍センターとフランス文化通信省（建築・文化財局）、パリ第10大学および民族学・比較社会学研究所の協力を得て刊行された。

本書は、フランス語原書より訳出しているが、よりわかりやすくするために、後に刊行された英語版も参照している。

謝辞

まずはじめに、隈研吾本人に深く感謝する。彼は、すでに大勢の所員で混み合う事務所のなかに、さらにもう一人の人間が立ち会うことを受け入れてくれたうえ、港千尋と私が彼に提案した型破りの冒険に、篤い厚意をもって応じてくれた。事務所で私の調査をサポートし、また本書の立役者となってくれたすべての人々にも感謝する。特にユキには感謝したい。同様にパリ事務所の人々、特にニコラ・モローとルイーズ・ルモワンヌに、感謝の意を表する。

私の友人であり同僚である港千尋が、いつかのArchilabで、この冒険に同伴することを申し出てくれなければ、このプロジェクトはおそらく、長らくスタート地点に留まっていただろう。このプロジェクトに対して彼が寄せてくれた信頼、そしてもちろん、本書の雰囲気を格段によくしてくれている写真に対して感謝したい。

ロランス・カイエ、フィリップ・ボニンには、本書を読み返し、欠かすことのできない指摘をしてくれたことに対して感謝する。また、アレシア・ド・ビアズ、ピエロ・ザニーニ、アラン・ゲズ、エレーヌ・ズブレモン、エティエンヌ・デルプラもこの本の編集者であり、彼らの熱意とサポートのおかげで、これ以上ないほど順調に仕事を進めることができた！

出版の準備を進める段階でさまざまな形で関わってくれたのは、ARTMAPグループの人々、特にエマニュエル・グリモーとドニ・ヴィダルの両氏で、その他、ミュリエル・ラディック、クリスチャン・ヤコブ、アルベナ・ヤネヴァから、私は絶え間ない援助を得ることができた。

原稿を丁寧に読み返してくれた母にも感謝したい。そして日本のあちこちの路上で、快く私と迷子になってくれたティボーにも感謝を……。

はしがき

日本語では、苗字は個人名の前に置かれるのが慣例である。本書では、この方法を採用した。関係者の同意を得て、ファーストネームは実名のままとした。フランス語のファーストネームと、日本語でそれに相当する個人名のほうである。同様に同意のうえで、稀にだが、固有名詞を用いた。ただし、こうした記述はフィクションであり、現実にそうした例があるわけではない。フランスでは個人をファーストネームで名指すのが普通であるのに対して、日本では苗字で呼ぶ（これに敬称として、〝さん〟を付ける）のが通常である。

目次

序論

東京、二〇〇一年一二月一九日

私は建築家・隈研吾と会う約束を取り付けていた。彼に会うのはこれが初めてだった。到着すると、秘書がすぐに小さな部屋へと通した。その部屋にはガラスの大きなテーブルが場所を占めていた。私は隈を待った。不安を紛らわし、落着きを取り戻そうと、私は壁を覆う本棚を見回した。さまざまな建築家のモノグラフィーや建築論に混じって、社会学や哲学の本があった。そこに並ぶ名前は見知らぬものではなかった。ドゥルーズ、ガタリ、ボードリヤール、フーコー、エリアーデ、バルト、著名な彼らの名は日本語で書かれているためにいくらかエキゾチックな感じがした。隈が入ってくる。挨拶を交わし、名刺を交換する。私が口を切り、訪問の理由を説明する。理由は簡単で、隈が日本国際博覧会[1]のプロジェクトに参加したからである。前年から私はこのプロジェクトの推移を追いかけていた。私が隈の名を、そして彼の建築を耳にしたのはその過程においてである。それ以来、実際に隈に会うまで、私はあらゆる手段で彼にアプローチした。展覧会に足を運び、彼の本を買い、彼を特集した雑誌を閲覧した。調査を行い、それをまとめて最初の論考（Houdart, 2002）を書いたりもした。すべてが私の好奇心をますます刺激し、さらに多くのことを――とりわけ普通とは〈異なる仕方で〉――知りたいと思った。予定通りに隈との面談を進め、彼に国際博覧会プロジェクトへの参加について質問をし、私の関心を引いたこのプロジェクトに対する当時の彼の案について、そのいくつかの詳細を彼とともに振り返った。面談は終わりを迎えた。そのとき、部屋の電話が鳴り、秘書が日本のテレビ局NHKのクルーが到着し、隈を待っていることを告げた。別の約束、別の面談の時間がきたわけだが、それは、建物の不可視性、素材の非物質化、庭師としての建築家というあり方など、隈の建築に関するいくつかの重要なテーマを明らかにするもうひとつの機会でもあった。最後に、私は隈の事務所についての民族学的な調査を行うというアイデアについて考えてほしいと頼んだ。「再びここに来て、現場に同行したり、事務所で時間を過ごしたり、建築がつくられる様子を観察することは可能でしょうか」。日本の遺伝子実験施設の日常にアプローチするという別のプロジェクトを口実にして(Houdart, 2008)、私は隈の建築事務所の日常をたどってみたいと彼に申し出た。「もちろんいいですよ」、彼は礼儀正しく答えた。

一年後、再び事務所を訪れたとき、「もちろんいいですよ」と言ってくれたことを隈自身に伝えた。建築事務所に一人の民族学者がどのような形でいるのかを協議しなくてはならなかった。私はただ立ち寄ったわけではない。この事務所に残るために再訪したのだ。契約を結ぶ際、その契約内容は隈自身の手によって書き直された。事務所の日常を観察するというだけではなく、ひとつかふたつプロジェクトを追いかけることになった。また、まとまった観察対象となるのは事務所そのものではなく、設計のプロジェクトだった。そうすることで、隈はフィールドワークの対象を彼抜きでの彼の記述……すなわち、彼の建築についての記述に限定したのだ。それ以来、私は事務所で隈とすれ違うことになり、彼は定期的に私を呼び止めて、私の関心を引くような彼の仕事のある側面について語ってくれた。しかし、面談は行わないというのが暗黙の了解であり、隈は私の観察の中心人物——標的——ではなかった。私をふたつのプロジェクトに配属させて以来、プロジェクトの進行や打合わせや図面を通して、隈は私にとって独特の存在感を帯びるようになった。私はまるで「こちらを見なさい、そして自分が何を目にしているのか、私が何者なのかを語ってみなさい」と言われている感じがした。隈は実験的な賭けを行ったのだ。彼は自分自身のイメージについて、新聞で報じられるようなものとも、著作を通して与えられるようなものとも異なる、ある意味、奇抜で、一貫性のない、卑近とも言えるイメージを実際に与えつつあった。

　事実、隈研吾に関する民族学的調査はこうして着手された。隈の事務所において得られた民族学的データ（施主やエンジニアとの打合わせの報告、現場の報告、模型の制作／解体／再制作についての長い記述、隈自身やスタッフだけでなくプロジェクトの共同チームが作成した資料、いくつかの写真資料など）は、既存の文献に見出されるような、建築家という階層に関する社会学的データとは大きく異なるものであった。この民族学的データはまた、実際の建築物やその美的質あるいは哲学的思想との共鳴などにより多くの関心を示す、建築家自身や批評家たちによるデータ[2]とも異なる性質を持っている。それゆえ現時点でこのデータは、隈研吾の建築と彼の思想とに建築の実践に関する詳細な事実を通じて迫る〈型破りな「隈研吾」論〉の形をとることになった。

この型破りな「隈研吾」論では、最初の出会いで隈と私が交わしたやりとりは――本書の問題設定と私が建築という主題へ入っていったきっかけを示すため以外には――ほとんど言及されていない。実際、最初の出会いの際、私は具体的な隈の建築の実質について何も見ることはできなかった。建築物を訪問することはなかったし、そこに住む人々に出会うこともなかった。最初の出会いで隈は自分の建築について十分に〈語ってはくれた〉――まるで語ることが実践に役立つかのようであり、作品を導くさまざまな意図を説明することが、それだけで作品の本質を語りえるかのようだった。しかしながら、当時、建築を完成させるのに必要な作業、紆余曲折を含み、回りくどいとすら言える作業について私は何も知らなかった。必要な複数の組合わせ、試してみなくてはならないさまざまな素材、その素材が受けるべきさまざまな検査、それらすべてを同時に行い、連結させなくてはならないということをまったくわかっていなかった。そうしたことをこの眼で見たのは二度目の訪問時であり、結局、この訪問が私の日本滞在につながった。[3]

最終的に八ヶ月にのぼるこの滞在中に私が出した仮説とは、言葉という手段だけが問題なのではなく、「隈研吾の建築」に何か理解できるものがあるとすれば、それは事務所や日々のルーチンワークのなかに見出せるはずだということだった。私はまた次のような仮説も立てた。すなわち、隈が推奨する素材の性質は事務所のなかにある素材の性質（木材、ポリスチレン、絵具、糊、ピクセル）に何らかの形で関わるのだと。それは、別の言い方をすれば、建築家が実際に用いて作業するものはその建築と強い結びつきを持っているということだ。さらに別の言い方をすれば、完成した建築物は構想の際のさまざまな媒体と関係を持っているのである。したがって、本書の狙いのひとつは、言わば再構成ということになる。すなわち、日常のなかで捉えられた細部の集積のなかに、いかにして隈研吾と彼の建築とを埋没させてしまわないようにするか、ということが問題となるのだ。

本書は隈研吾についての本である――しかし、彼も彼の建築も直接姿を見せることはないし、彼の声を聞くこともきわめて稀である。隈の声が語っている場合も、彼に語らせたわけではない（インタビューしたことはなく、仕事の最中に彼が語った言葉、顧客との会話などがあるだけだ）。ここでは、通常のモノグラフィーの方法で建築家の言うことに耳を傾けたり、その建築を見たりすることはない。しかし、それでも本書を通して語られているのは隈研吾であり、彼の作品である。本書は少し変わったやり方で隈の建築を示そうとするものである。すなわち、彼の建築を構成している〈場所〉や〈素材〉を通して彼の建築を示そうとするのだ。本書は隈の人物像を描いたものではない。本書からまず読み取っていただきたいのは、創造的な建築家という神秘的な人物像などではなく、隈研吾が単一の存在ではなく複数の存在であるという事実である。彼を取り巻く若い建築家たちのなかでの隈研吾（しかし誰一人として隈のような建築家だとは言えない）、些末な作業に従事する学生やインターンたちのなかでの隈研吾、エンジニアたちのなかでの隈研吾。本書が描こうとするのは仕事をしている最中の建築家たちではなく（それは建築家に関する社会学の古典的なトピックだ）、仕事中の建築家たちが（証人として）目撃しているものであり、（ともに歩むという意味で）彼らが寄り添っているものである。それはつまり、多かれ少なかれ実りのある素材の接合であり、実験であり、加工であり、その結果である。そのため、本書の記述や分析の試みは、レトリック（著作のなかで長々と論じられる隈の擁護する建築哲学）と彼についてのイメージとの間に、通常考えられているのとは異なる結びつきを打ち立てることになる。また同様に本書の試みは、思想と実践との間の結びつきを別な仕方で構築することにある。若い建築家たちは隈の考えをきちんとまとめることはしないし、また同様に、建物が彼の思想を具現化しているわけでもない。寄集め《アサンブラージュ》や細分化といった隈のやり方によって、彼の思考はあちこちの隙間に宿っている。思考とはそういうものだ。他のものと同じ程度に抽象的なものであり、本質的なものなのである。

　隈が自分の建築を扱うのと同じように、すなわち、細分化し、ディテール、些末な事象、小さな素材から建築を扱うのと同じように、隈の建築や彼自身を扱おうとすることは、港千尋と私の二人が協力しても困難な作業であった。隈の作品を、完成したものではなくて、作業中のものとして、つくられつつある作品として提示すること。われわれが文章と写真を用いて試みたのはそのことである。プロジェクトをその構造上の諸特性において捉えるのではなく、〈生成しつつあるもの〉として捉えたいという欲望にかられた私たちは、語りや映像を通じてプロジェクトの運動を捉え、プロジェクトが持つ〈厚み〉や異種混合性を伝えようと試みた。物語の叙述、民族学的な記述（クリフォード・ギアツが言う「厚い記述」や、アルベール・ピエットが言う「ディテール」[4]）、クローズアップの写真、身振りの把握、こうしたことは、ひとつの〈美学〉を明らかにしてくれるという以上に、隈研吾の作品における種子の働きのようなものを理解させてくれるのだが、[5] それらは創造の現場の複雑な諸状況を描き出すため、港千尋と私が用いたレトリック（文章と写真の共同作用によってつくりあげられたレトリック）の一部をなしている。したがって、本文とは関係のないプロジェクトの写真が掲載されていても驚くには値しないだろう。〈図解すること〉が目的なのではない。プロセスとしての建築、作者や様式の問題、革新的な仕事において素材の占める位置、構想のための媒体、コンテクスト、こうした建築に関する大きなテーマについて写真を用いながら議論することが重要なのである。

1 最近までいわゆる「万国」博覧会に分類されていたこの展覧会は、名古屋郊外で二〇〇五年三月から九月までの六ヶ月間開催された。「自然の叡智」をテーマにしたものであった。

2 参考までに隈研吾に関しては、以下の建築雑誌の特集号を参照のこと。『ＳＤ』398号（特集・隈研吾：デジタル・ガーデニング）、一九九七年一一月。『JA—The Japan Architect』38号、二〇〇〇年。同様にいくつかのモノグラフィーも参照のこと（Pavarini, 1999, Lehtimäki, 2002）。さらには隈自身による著作も参照のこと（隈 2008、日本語の著作：隈 1989, 1994, 1995, 2000, 2008b）。

3 このフィールドワークをよい条件で実行させてくれた、パリ／早稲田の交換協定と民族学・比較社会学研究所（ナンテール）に感謝を表明したい。

4 （Piette, 1996）（Geertz, 1998）

5 隈はある論考のなかで、自身の建築をモダニズムの建築の対極に位置づけている。隈によれば、多くの相違点のなかでも、ル・コルビュジエとミース・ファン・デル・ローエは写真に映される対象として建築を構想したとされている。隈にとって、オブジェクトをつくらない、ということは、写真のフレームに収まるように構想された建物はつくらないということを意味する（隈 2008. 13）。講演の際に彼は好んで語るのだが、彼の建築は写真では見えない場合にこそ、もっともよく映されているのだ。

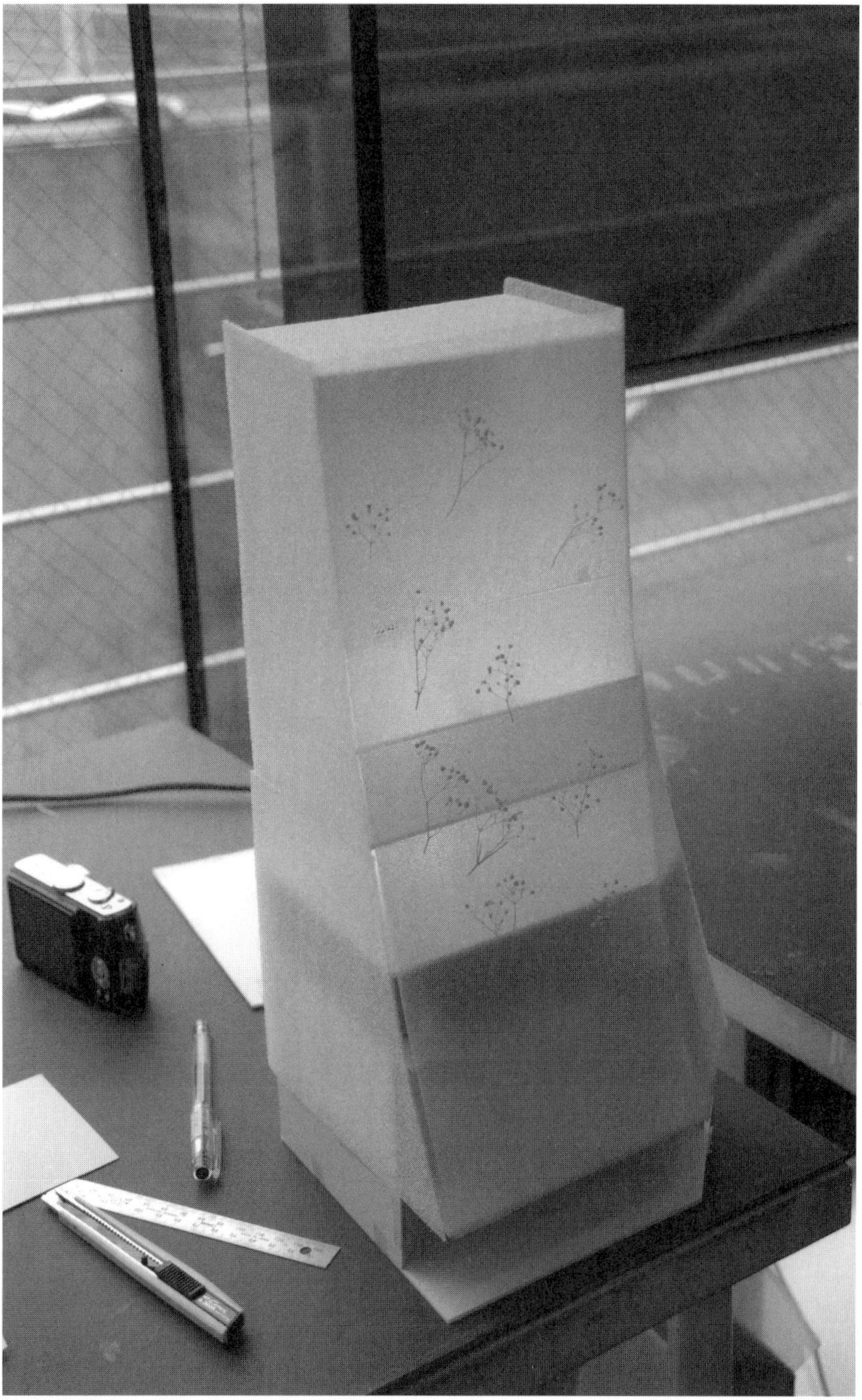

アプローチのテクニック

場所

第一景

東京のある展覧会場。隈（ポートレート写真）と彼の建築（自分の建築のヴィジョンを説明している インタビュー）が演出されている。

第二景

展覧会場から一〇〇メートルほどの場所にある隈研吾建築都市設計事務所。事務所は装飾のないビルの四階と九階にある。九階には仕切りのないオープンデスクが連なって並び、仕事場を埋め尽くしている。狭い廊下は本棚としても使われており、この廊下によってふたつに分けられたオープンデスクには、それぞれコンピュータが完備され、取り付けられた棚には書類、模型、素材のカタログなどがあふれている。受付は静かな場所で、会議室としても使われている（その場合、肩と肩を寄せ合わなくてはならない）。四階にもデスクがある。大きなテーブル――模型制作のためのテーブル――のおかげで、この階の空間が他よりも少し風通しがよいという印象を与える。しかし、たくさんの模型がぐらぐらと不安定なまま積み重ねられていて、空間を侵食している。スチレンボード、鉛筆、カッター、チューブ糊、サンプル、ペイントスプレー、紙などが散らばっている。

登場人物

隈研吾

彼自身。

ブルーノ・タウトと小堀遠州

それぞれ隈にとってのインスピレーション源としてものものしく振る舞う。

加えて、一三人の日本人の建築家たち。

現在、建築家とその建築を理解するための方法とはどのようなものだろうか？　私は「方法」という語をその本来の意味で用いている。つまり、建築についての思考を可能にする理論的枠組みではなく、建築へのアプローチを可能にしてくれる具体的な方策という意味で。本章では、私に可能であった隈研吾を紹介するためのさまざまなやり方――建築物を通しての紹介、事務所や社会組織を通しての紹介、建築理論を通しての紹介――を報告する。ある展覧会で、隈研吾と彼の作品が順番に展示対象となっていた。コンセプトに関わる仕事に取り組む隈研吾、事務所の代表者としての隈研吾など。したがって、まずはじめに、これらの展示方法が示すそれぞれの具体的状況について考えを巡らせる必要がある。すなわち、それらが何をどのように見せているのか、そして、何を見せていないのか、それはなぜなのか、について。

調査を振り返って

最初のエピソード。二〇〇一年四月。すでに数週間前から（数ヶ月前にも思える）、自分がこちらに来て学んだことにどうアプローチするか、その方法を探っていた。数年後（二〇〇五年）に、名古屋で行われるはずの万博の準備。この万博事業は巨大な規模のために、通常の人類学者のやり方（「参与」観察、すなわち、おおよそ小さな社会集団に対して、その集団をはっきりと特定できるほど至近距離で行われる観察）で理解することは難しくなっていた。さまざまな肩書きを持った数百にものぼる人々（政治家、あらゆるタイプの知識人、エコロジスト、生物学者、都市計画家、企業家……）が参加しているために全貌の把握は不可能になっていたのだ。また、この事業がメディアの支配下にあるという事実も作業を難しくしていた。そのため、程度の差こそあれ実り多い数多くの出会いに恵まれた私は、別の手続きをとる決心をした。万博プロジェクトの具体的な側面のひとつからアプローチする方法を模索することにしたのだ。政治的・経済的な次元よりも、万博の実施プロセス、つまりその〈物理的な〉制作プロセスにより強い関心を抱いていた私は、プロジェクトに携わる建築家たちこそが、この事業に関して情報を与えてくれる最良の人々だと思うに至った。

万博実施に伴って開設されたインターネットのサイトで最初に目にした記述は、空間構成に関するもののようで、おおよそ次のように書かれていた。「〝自然体験〟プログラムによって森の美しさが強調されることになる。このプログラムは、森を貫く複数の水平通路を利用するものである」。自然空間に溶け込んだ建築——それらは空気のように軽やかなものだ——が具現化された透視図面は、二〇〇五年の万博が環境を尊重しようとするものであることを示している。図面上には、ピロティによって持ち上げられた広い木製の回廊に沿って森のなかをそぞろ歩く幽霊のような人々が見られる。彼らは決して地面に触れることなく、シダ植物かそれ以上の高さの樹木の梢に近い植林空間を歩いている。樹木は人間がまるで小人のように見えるほどの大きさだ。同サイトから、私はこの図面が、当時「企画運営委員」と主任「デザイナー」を担当していた隈研吾によるものだということを知った。したがって、私はひとつの世界——隈研吾による自然のデッサンと表象——から彼にアプローチすることにした。それは自然の〈なかの出来事〉の表象であった。このことをまず確認した後——それは私にとって万博プロジェクトにアプローチするためのひとつの〈手がかり〉でしかなかった——すぐに幸運の女神が微笑んだ。私は隈が「sur/FACE 一四人の現代建築家たち」展[1]で賞賛を集めていることを知った。この展覧会の意図は明白である。それは、雑誌『Tokyo Classified』で言及されたように、現在の日本の建築界を代表する複数の建築家の歩みと作品とを紹介することにあった。

西洋が日本の現代建築を生み出している才能をじっと注視するようになって今や久しい。しかし、坂茂をはじめ何人かの建築家が国際的に大きな注目を集めたにもかかわらず、日本近代建築のさまざまな側面を明らかにしようとする者はほとんどいなかった。東京在住のオーストリアの作家ローランド・ハーゲンバーグはそのことを念頭において、三世代の影響力を持った一四人の建築家を集めたマルチメディアの展覧会「sur/FACE」を構想した。

白黒のポートレート写真、建築家の手の巨大な複製、彼らの建築物の映像、生い立ち、オリジナルの模型、ドキュメンタリー映像などが集められた「sur/FACE」展は次の問いを提起している。すなわち、「日本の建築家はグローバルな状況のなかで自らをどのように認識しているのか」。グローバリゼーションは絶え間なく東洋と西洋の区分を曖昧なものにしているが、「sur/FACE」展はハーゲンバーグが「建築家の日常生活」と呼ぶものを収集し、日本建築が持つ特有のニュアンスを捉えようとしている。昨夏から撮り始められた九五分のドキュメンタリー映像では、安藤忠雄、坂茂、長谷川逸子、隈研吾、槇文彦らの足跡が日本のあちこちでたどられ、それぞれの建築家が芸術家として固有の「造形力の」発展をとげる様を伝えようとしている。

ハーゲンバーグにとって、「sur/FACE」展は「建築物と建築家の個性との間の関係」を呈示するものであり、それゆえ他に類を見ないものである。彼は言う。自分が外国人であることが、慣習的な儀礼に拘束されることなく、建築家たちにきわめて率直な質問を投げかけることを可能にしたのだと。槇文彦は自分の事務所でリラックスして、日本人建築家としての自分の生活を飾ることなく語っている。そのため、《ヒルサイドテラス》を手がけたこの権威ある建築家に人間らしい相貌と個性が与えられることになる。《ヒルサイドテラス》は、槇が一九六〇年代後半から約四半世紀間をかけて取り組んだ代官山再開発の端緒となった作品だ。

「建築」よりも「建築家」を呈示することを選択した「sur/FACE」展は、日本の現代建築の傾向を強く方向づけている「ナショナルな」影響力よりも、むしろ「個人の」影響力を報告することを目指すものである。一八ヶ月前の構想以来このプロジェクトに携わり、ドキュメンタリー映像を撮影したカール・ノイベルトによれば、インタビューを受けた建築家のほとんどは自分の仕事が自然との強いつながりを持っていることを説明しているのだが、設計物のデザインにおいて何か特別な「日本的」美学なるものを認めているものはほとんどいなかった。《京都駅》を設計構想した原広司が、ほぼ世界中で行ってきた調査研究に影響を受けてきたことを語っているのに対して、北海道の《水の教会》が主要作品のひとつである安藤忠雄の場合、東洋建築と西洋建築との違いに関して明確な意識を持っている。「西洋建築は論理を強調し、論理は経済を主導する。そこで支配的な言葉は進歩だ。東洋では、自然の直観により信頼を寄せているのだが、この直観だけでは、われわれはグローバルな規模で行動することができない。そのため西洋的な論理のプラットフォームを用いることを余儀なくされているのだ」。

事実上、戦後の日本を再建したと言えるこれら男性・女性の建築家たち——女性は一四組中二人しかおらず、残念なことに十分な紹介がなされていないと制作者は注記している——の性格、方法、スタイル、年齢、哲学が魅力的に紹介されている。世界の建築にも重要な影響を与えているこれだけの建築家（たとえば、谷口吉生はニューヨーク近代美術館の新しい複合施設を建設中である）を紹介した当展覧会はヨーロッパとアメリカに巡回することになるだろう（スチュアート・ブラウン『Tokyo Classified』掲載、二〇〇一年三月三〇日）。

隈研吾という人物、彼の手、彼の眼、彼の堂々たる風采から何を学ぶことができるのだろうか。この記事で紹介されているような、建築家の手、建築物、深みのある眼差し、エスキスなど多様な要素からなる展覧会の全体から、私は何を得られるだろう。一方に個人の作品、何ものにも還元できない才能があり、他方に文化や日本特有のスタイルがあるとして、両者の間の明白な対立をこの展覧会だけで解消できるのだろうか。

四月一四日。当時抱いていたこれらの問いに対する答えがきっと見つかると思い、私は「sur/FACE」展のオープニングに出かけた。期待していた通り、展覧会には建築家の写真、作品のなかに添えられたポートレート写真、建設現場でヘルメットをかぶった作業中の男性や女性の写真が展示されている。彼らの顔や手（作業し、物をつかむ手のひら）は白黒写真で撮られている。テレビに映し出されたモンタージュ映像には展示作家である建築家それぞれのインタビューが流され、そこで私は隈の声を聞いたのである――それは建築家にアプローチするための新しい方法だと言える。壁全体およそ三〇のスクリーン上にインタビューの抜粋が放映されていた。

ポートレートの横には模型があるか、壁に作家直筆の説明、スケッチ、メモ書き――思考のエスキス――が並んでいる。別の小さな部屋で決まった時間に流される映像では、ハーゲンバーグの仕事が報告されている。その映像のなかで、作家・写真家であるハーゲンバーグは自己を演出し、建築家へインタビューの約束を取り付ける映像と執筆の映像の合間に、自分が練り上げた構想を紹介している。彼のアトリエには、高い位置にカメラが設置されており（ドアスコープのように、映像は丸くデフォルメされて映されている）、FAXをしたり、インターネットで調べものをしたり、執筆したりとハーゲンバーグのさまざまな活動が映っている。映像は作業日誌のようにつくられている。最初のモノクロ映像では、東京の交差点でスピードをあげる車の流れが映し出される。バックには、小さめの音量でハーゲンバーグの留守番電話に残されたメッセージの声が流れている。準備中の展覧会について、送ってもらいたい写真や草稿について、ニューヨーク、パリ、ミラノ、東京から届いたメッセージ。続いて映像は一人ひとりの建築家を紹介し、紹介の合間に展覧会準備中のハーゲンバーグ自身の声でナレーションが入る。一人の建築家の話にコメントをし、次の建築家を紹介する。このような自己演出の方法には、〈つくることによってしか〉〈建物や展覧会の準備やそのための作業道具〉、〈つくりだされたもの〉〈建物であれ展覧会であれ〉について何も語れない、という確固たる態度がそのまま示されている。このような立場は、私自身が調査において採用する立場にとても近いように思われた（私は本書で、自分がどのように仕事を行ってきたのか、思考をどのように進めてきたのかを語っているのではないだろうか）。

建築家へのインタビューでは、いくつかのテーマが繰り返し話題となった。ローカルとグローバルの関係、日本と日本を越えた共同体——言うまでもなく日本の建築家たちが活躍している世界の現場——との関係。続いて、日本の特異性という避けられない問題。この問いは、作業の実践面における特異性と、建物の構想における特異性というふたつの側面を持つ。公共空間とプライベート空間の分割、住居の規模、採光の問題、モダニティに対するアプローチの仕方と、それが伝統的な構造や「生活様式」と結ぶ関係、建築の構想におけるテクノロジーの地位、自然や環境との関係、建築の仕事の核にある人間や社会との関係。どのインタビューにおいても、ハーゲンバーグは建築家の時間の使い方と仕事の仕方について明確に問いを投げかけている。実際この問いに答えた者は少ない。磯崎新は、午前中は自宅にいて読書をし、時にデッサンを行い、午後になって事務所に出かけると答えている。長谷川逸子は日中もっとも明るい時間帯に建設現場に行ってエンジニアたちと討論する。しかし、彼女は自分のための時間、制作のための自由時間は確保しておきたい。

つまり、おおよそ一方には個人の孤独な創作の時間があり、もう一方には「ペーパーワーク」と現場視察がある、ということになる。現場ではエンジニアたちとのコミュニケーションと、作業がどこまで進んでいるのかを知りたい施主とのコミュニケーションがある。建築家はさまざまな立場をとらなくてはならない。そこには日本的なエッセンスは何もない。ものの見方は、それを表明する人の数だけ存在するのであり、それらはアプリオリに与えられた日本的な特異性という固定された狭い枠組みに回収され尽くすことはなく、その枠組みを越え出るのだ。

このような状況において、隈はどのような行動の指針にしたがっているのか。彼はインタビューで何を語っているのだろうか。隈は言う。「日本には建築家という存在はなかったわけです。同じようにランドスケープデザイナーという存在もなかったわけです。同じ一人の人間が建築を考え、庭を考え、両方を一体のものとして考えてきたわけです。そういう発想が今の時代には重要なものと思っています。（……）調和というものが一番大事だと思ったんですね。そういう発想をして初めて、自然というものと人工物というものがひとつの調和したものとなるんじゃないかと考えているわけです」。隈研吾は一九五四年、神奈川県生まれ。一九七九年、東京大学で修士号を取得し、一九八七年に事務所を設立した。「それぞれの地域の個性というものを生かした公共建築をつくらなくてはならない」。「建物をデザインするときに一番最初に考えることは、その建物から外がどう見えるかということなんですね」。「普通はですね、建築というのは外観が重要で、外から建築がどう見えるか、その建築自身がどう見えるかということが大事にされるわけですけれども、私は逆に建物のなかから外の自然がどう見えるかということを考えながらデザインするわけです。このやり方は日本の伝統的な建築とか庭のやり方でして、日本では昔から、建物のなかから自然がどう見えるかということを一番大事に考えてデザインがされてきたわけです。今、テクノロジーの力で間違いなく世界は小さくなったというふうに言われています。そういう時代にこそ、それぞれの場所の個性というものが非常に重要になってくる。そのとき、日本ということではなく、むしろ、それぞれ個々の場所の個性のことを私は言っているのです。そういう地域の個性というものが世界を豊かにしていく」。場面は栃木県の《石の美術館》。隈は外のステップに腰を下ろしデッサンをしている。

隈の建築を実際に動機づけているものについて、そこでは多くのことがそれとなく語られている。西洋の建築家ではなく、むしろ日本の庭師のようなやり方で作業を進めたいという意志。風景のなかに置かれたオブジェクトのような建物をつくるのではなく、反対に視線を方向づけることで場所そのものを浮かび上がらせたいという意志。さらに、〈非オブジェクト〉あるいは〈反オブジェクト〉を自然のなかに刻み込みたいという意志。[2] それでも、ハーゲンバーグの展覧会はどこまでも展覧会でしかない。企画者の願望（作業中の建築家を紹介すること、事務所ではなく、考える個人の姿を描き出すこと）は、展覧会や演出という装置そのものによって挫かれている。ハーゲンバーグは後に再会した際、最初に構想した展覧会のポスターを見せてくれた。すでに印刷され、いつでも掲示できる状態にあったポスターには、建築現場で腰をかがめ、資料に目を通すことに専心している一人の建築家の姿があった。個々の建築家を紹介するという態度、建築の具体的な素材の選択、作業中の手、こういったものは結局、建築家の――建築家の表象の――ためにはならないように思われたようだ。そのポスターの建築家は、自分のイメージが提示された後に流通ネットワークから消えてしまうことを最終的には望まなかったのだ。「sur/FACE」展の告知ポスターは、作業中の建築家を掲載する代わりに、建築家たちの名前のグラフィック文字と幾何学的な処理をした展覧会タイトルに頼ることになった。あるいは、完成した自分のプロジェクトの前でほとんど無脊椎動物のように徘徊している建築家の姿――自分の創造物の前に立つ創造主――に頼ることになった。しかし、私が記述し、意味を与えたいと思ったのは、思想家たる建築家によって検閲されてしまったあの最初のポスターイメージなのだ。それこそが私のやりたいことだということに気づいたのだった。

実物の隈研吾と出会うことを期待しながら、私は雑誌や作品集から彼や彼の建築、彼の万博参加に関する情報を集めた。「自然の叡智」やその「再発見」を自分なりの仕方で語るために、彼が行ったさまざまな計画案や、当時は巨大イベントとなるはずであった万博のために検討されたテーマに私は目を通した。また、隈の計画案（とりわけ樹の回廊）と彼の思考に特徴的なポスト・モダニティとの間にある、また、隈の非物質性の哲学とプロとしての倫理感との間にある見えない糸をたどった。万国博覧会を生み出した近代のパラダイムから万国博覧会を救い出すために「建築もイメージも用いない万博をつくりだすこと」、変化を被るものや（万国博覧会の強制条約と言える）進歩にしたがったものではなく「不変のもの」を展示すること、実際に展示することよりもむしろ自然、森、木々の「経験」を与えること。それによって「文化の構造をひっくりかえすこと」（隈 1997. 102）。私が追っていた万博プロジェクトに対する彼の建築的な意図は、以上のように知的に要約することができよう。私が導きだしたこうした関連性を考えれば、隈の建築とそれに同伴する理論は、二〇〇五年の万博が何とか表現しようとした「近代性の顚倒」にぴったり合っていると言わざるを（書かざるを）えない。隈研吾がたどってきた道程そのものが、そのことを予期させる。隈はまず、典型的なポストモダン建築を具現化したこと（《M2ビル》）で知られた。その後、彼はポストモダン建築に背を向け[3]、場所論《トポロジー》や環境を重視した〈緑の〉建築を展開した。彼が企てたのは「権威的で自己中心的な建築の批判」であり、それは、特定の建築様式よりも建築の実践の核心にあるもの――世界のなかで「環境からもコンテクストからも切断された物質の存在形式」（隈 2000）としての〈オブジェクト〉が建設されているという事実――を対象とする批判であった。オブジェクトとしての建築に代えて彼が提案するのは、物質の溶解（隈はそれを物質の「個別化」あるいは「粒子化」と呼ぶ）を被った溶けた建築であり、建築物の環境への紛れ込みないし溶け込みである。[4]万博のプロジェクトに関して言えば、こうした提案はふたつの主要な装置において具現化されている。ひとつは、彼が「建築のトポス」と呼ぶ装置で、無視できない構造を土中に埋めて不可視にするものである。もうひとつは、視覚の補綴器具（眼鏡）で、国ごとのパヴィリオンの代わりに、近代特有の孤独に麻痺した訪問客が、森に棲む見えない存在や力と再び関係を結ぶことを可能にしてくれる。

場所に精通する人

二番目のエピソード。二〇〇一年一二月。私は隈の事務所に迎え入れられた。受付にはガラスのテーブルがあり、本棚にはたくさんのフランスの知識人の本がある。私はなぜ日本に来たのか、なぜ二〇〇五年の万博実施のプロセスを追いかけているのかを隈に説明し、隈のことを耳にしたのもそのときだったと述べた。私は彼に、どのようにして万博プロジェクトに参加することになったのかを尋ねた。このプロジェクトの誕生とその後の紆余曲折を知っている隈は、私とともに過去に遡りながら、作品、著作、雑誌の特集などで展開してきた自らの建築哲学を一つひとつ説明した。隈研吾の〈大いなる理想〉――それは、そのときの彼が同時代の建築家たちと比較して、自分の実践を特徴づけるために選んだ理想であり、この理想のおかげで彼は日本人を愛し、国際的な建築の舞台において確固とした名声を得ることができたのだ――それは建築家＝庭師という理想である。「伝統的には、日本では建築家と庭師は同じ起源を持つものだという発想は、作事奉行として幕府に仕えていた有名な庭師である小堀遠州によるものである。小堀はまた茶道家としても有名であった。〝建築〟という言葉自体が一九世紀に輸入されたものであった。それ以前は、〝庭師〟という言葉が使われていたのだ。建物を建設する者は大工であった。設計を行っていたのはしばしば施主自身であった。つまり伝統的に見れば、日本における建築とは、施主と大工との共同作業を指すのである」。隈の建築実践のモデルは、入念に練り上げられたものである。日本建築史から客体や自然との結びつきをくみ上げてきた彼のモデルは、同様に、哲学的体系、たとえばジル・ドゥルーズの物質の弾性という概念をも参考にしている。オブジェクトとしての建築を溶かすためには（活字にしてみれば、このタスクの規模の大きさがわかる……）、「環境と客体、主体と客体、時間と世界」（隈 1997.9）とを連続したものとして一挙に考えさせる日本的な〈場所の論理〉と、ドゥルーズによる物質の弾性という概念とを援用する必要がある。「物質は粒子化することによって、主体からのアクションを待つ素材として出現する。アクションの結果ではなく、アクションの素材となるのである。ドゥルーズは弾性という言葉を使って説明し、僕は粒子を使って説明する」（隈 2000.86）。どちらかを選ばなくてはならないのだろうか。小堀遠州か、それとも、物質の溶解とオブジェクトの死を唱えるドゥルーズらポストモダンの理論家たちか。正直に言えば、きっぱりとどちらかを選択するのは残念なことだと言えよう（それに、いったいいかなる理由で、私は一方よりも他方をよいと言えるだろう）。隈は自分の意見を表明するたびに、ある党派へ〈入党し〉、自らをある立場へと接続し、ドゥルーズ的な視点あるいは庭の視点から自分の建築を変容させることで、〈さらなる何か〉を生じさせることを、あるいは自分の建築が異なるものになることを実験するのだ。そこから読みとるべきは、彼の作品全体の概略や意思表明といったもの以上に、連続した複数の関係性——作用し合い、時間をおいて再び作用し合うこともあるような関係性——であり、それらは状況や時期や場所に応じて、作品や人間をつなぎとめる足場を提供してくれるのである。

さらに具体的な素材のほうに議論を進めようと、私は隈に二〇〇五年万博プロジェクトを表すふたつの装置について質問を投げかけた。本書を執筆するにあたり、そのふたつの装置が私の関心を引いたからだ。隈は本棚から自分の青い本を取り出し、私は関連する写真を探した。問題の写真は同書の一八二頁と一八三頁に掲載されていた。光沢のある写真を指差しながら、隈は右上の図を「トポス型」と呼び、残りの三つの写真を「ヴァーチャル」と呼んで両者を区分した。「トポス型」の写真に関して、隈は私に次のように説明した。「私はこの場所とその周囲一帯の調査を行いました。通常、建築で行われるような土地の分断を行わないというのが私の考えでした。一般的に、建築家は土地の図面を作成することから始めますが、私は反対に景観をあるがまま保存し、景観の〈なかに〉建築を建てたいと思いました」。私は何度か彼が書いたものを読んだり、彼の言葉を聞いたりしていたので、彼の立場を理解していた。後にわかることをあらかじめ説明するような入念に構築された理論から隈を引き離したかった私は、今述べたタイプのイメージをどのようにして手に入れたのか詳細に説明してくれるよう求めた。また私は、「拡張された自然」というコンセプトがどこからきたのかを彼に尋ねた。「拡張された自然」とは、ふたつの装置のうちのひとつ、ヴァーチャルな装置に属するもので、自然を十分に利用しているため濫用のリスクがあるものの、自然とその叡智を展示するという明らかな矛盾を解消しているため賞賛されている装置である。「それは現実とヴァーチャルなイメージとの重ね合わせです。こうして現実は拡張されることになるのです。それが私のコンセプトです。私の建築はいつもこれらふたつのレベルを重ね合わせたものなのです。こうした操作は、たとえば、建物の後ろに景観をスクリーンとして見立てる、と言った具合に、ひとつのフレームとして作用することもあります。私にとって、情報技術とはデザインのためのひとつの道具でしかありません。もっとも重要なことは、現場に行って、その雰囲気を感じること、その場所にある何かを感じることです。それから私はその場所にある材料を選択します。私が情報技術や模型を使うのはその後になってです」。ヴァーチャルな慰霊空間のプロジェクトについて、それはブルーノ・タウトの学生であり友人でもあった一九九三年に亡くなった井上房一郎氏のためのモニュメントだということを彼は語った。「このプロジェクトが完成して初めて、私はブルーノ・タウトの本を読みました。タウトは第二次世界大戦の戦没者のための記念碑を設計しました。そのとき、彼はモニュメントなど必要なく、大地にガラスさえあればそれで十分だと言ったのです……。私は彼と同じ考えを持っていたのです」。タウトという著名な建築家の声の響きをたどるようにして、隈は私に青色の本の裏表紙を見せた。《ガラスの家》が建設された場所の横には、ブルーノ・タウトが暮らした家があった。背景に見える樹々は彼の住居にとっての樹々でもあった……。[6]

面談は終わりにさしかかる。部屋の電話が鳴り響き、秘書はＮＨＫの人たちが待っていると彼に伝えた。この面談を通して、私は隈にとって重要なのは場所と場所が与えてくれるもの以外にないのだとわかった。話題になったテーマは別の機会に再び扱われることになるだろうが、それらは異なる意味を持つことになるだろう。しかし、さしあたって私はイメージがどのようにして生み出され、そしてそれらが何からつくられているのかまだわからないままでいた。「場所を感じる」、現実とヴァーチャルなものを重ね合わせる、「物質を細分化する」といったことが具体的に何を意味しているのかがわからなかった。再びここに戻ってこなくてはならない、間違いなくそう思った。

隈の建築を理解するためには——彼の建築を〈つくりだしているもの〉、建築を構成しているものすべてを理解するためには——、隈研吾がどういう意図を持っているのかを語り、彼の実践の基盤となっている思想を明らかにし、〈その後に〉、完成した建物をその思想を実行し作品化したものとして示すのでは十分ではない。このような流れは古典的と言える。それは隈自身が講演で行っていることであり、彼の作品を注釈する批評家たちが述べていることであり、作品一覧を掲載した隈に関するモノグラフィーが示していることでもある。しかしそれは多くのことを語らないままにしている。思想を具現化するという図式では、制作過程の作品が遭遇するさまざまな小事が見落とされてしまうのだ。〈つくるという行為〉についての説明が、この図式では中途半端なままである。私は反対に細部から出発し、しばしの間、思想や意図といったものを忘れ、建築物を訪れることすらしないでいたかった。いずれにせよ、それが東京の事務所での限られた滞在期間で私がしたいと思ったことであり、当時設計中だった場所を実際に訪れるのはずっと後（この滞在の数年後）にすることにした。この方法は読者にある種の忍耐を要請することになるだろう。私はそのことをわかっている。つまり、制作過程の隈の作品が遭遇するあのさまざまな小事、彼の建築をつくりだしているもの、彼の建築をはっきりと特異なものにしているもの、そうした数多くの細部の積み重なりに〈あなたがた読者〉が飲み込まれ、溺れ、沈み込み、そのせいで理解が先延ばしにされることを私は要請しているのである。

1 「sur/FACE 一四人の現代建築家たち」展は、東京青山のBMWスクエアで二〇〇一年四月一四日から三〇日まで開催された。隈研吾以外の一三人の建築家は、坂茂、SANAA（妹島和世／西沢立衛）、原広司、磯崎新、黒川紀章、伊東豊雄、安藤忠雄、青木淳、槇文彦、丹下憲孝、谷口吉生、内藤廣、長谷川逸子である。

2 『反オブジェクト――建築を溶かし、砕く』は隈研吾の論考のタイトルで、二〇〇〇年に日本語で刊行され（東京、筑摩書房）、二〇〇七年にAnti-Objectというタイトルで英訳された（ロンドン、AA Publications）。

3 隈はある論考のなかで、一九八五年から八六年にかけてニューヨークのコロンビア大学滞在中にインタビューを行った一一人のアメリカのポストモダン建築家たちの作品とプロセスを通して、「あの一九八〇年代の出来事」を描いている（隈 1989）。

4 すぐに理解できることだが、それはジル・ドゥルーズやミシェル・フーコーに多くを負った建築である。両者の著作がここ二〇年来、建築理論再考のための批評文献のなかに入っていることは、ほとんど驚くにあたらないだろう（Leach, 1997）。

5 『隈研吾読本―一九九九』（一九九九年）

6 本書の最終章で再びブルーノ・タウトは登場することになる。

存在することへ向かって

場所

第一景

日本南部の海岸。快晴、おだやかな気候。

ガラス吹き職人のアトリエ、職人の竈《かまど》、吹き竿、やっとこ、鋏。

アトリエから数百メートル離れているが、やはり隈研吾が構想した海岸沿いにあるレストラン。

さらに数キロ先にある、灰色調の市役所のオフィス。そこで、二度にわたって私たちが携わっているプロジェクトについて話合いがもたれる。

第二景

事務所内のマコトのデスク（九階）
模型が置かれたテーブル（四階）

登場人物

隈研吾

日本南部の水平線を望む海岸。市役所でガラス吹き職人を賞賛している。

西川慎（以下、西川）

日本南部のガラス吹き職人。その名声は都心にも及んでいる。

ユキ

アメリカで学位を取得した若い建築家。外国人訪問客を担当する。彼女が外国人担当を任されていたため、私たちは知り合うことになった。後に私たちは再会することになる。まず、私が追跡しようとしていたプロジェクトについてしばらくの間ともに仕事をしたとき。さらに他のスタッフとともに、東京の事務所とパリの事務所の交流を深めたとき。

マコト

若い建築家で、日本南部の海岸に建設されるガラス工房のプロジェクトに携わっている。詳細な情報の入った図面と資料（一部彼が作成した）を持っているのは彼である。メモをとっているのも彼だ。顧客との仕事の打合わせも行っている。

ヒロコとユズル

建築学科の若い学生。事務所ではインターンとして模型制作に勤しんでいる。

ヒロアキ

ＣＧアーティスト。図面を三次元に処理するために雇われている。

これら多くの才能ある人々が、新しいガラス工房の設計に携わっている。

二〇〇三年五月二七日。私は戻ってきた。隈研吾の作品がどのように生み出されているのか——どのように存在すること「へ向かう」のかを理解するために。[1] 私と隈は再びガラスのテーブルの両側に腰を据えた。まず、自分が現在携わっている、来日のきっかけとなったふたつのプロジェクトに関して再び隈に話をした。二年後に開催予定の万博に関するプロジェクトと、隈の事務所についての民族学的調査のプロジェクトである。万博に関しては、別ルートで耳にしていた情報をすぐに確認できた。つまり、隈は「もうすべてから手を引いた」のだと。それから、彼がプロジェクトから手を引いた状況について、なんとか彼に話をしてもらおうと頑張ったが、まったく無駄だった。隈はこの件について話を続けようとはせず、明らかに他の話題に移ろうとした。[2] その後、当時事務所が担当していたプロジェクトが話題となった。いくつかのプロジェクトはすでに進行しており、間もなく隈自身の事務所が入ることになっていた《梅窓院》については、すでに「ほとんど完成していた」。さらに竣工間近の《ONE表参道》があったが、隈は私が手渡したばかりの見えない建築についての自分の論考——私の動機や真剣さが記されている——の裏面に、その敷地をデッサンしてくれた。足場が組まれていたために、まだすっぽりとその姿は隠れていたが、九月には足場が解体され、長い木製のルーバーのファサードがお目見得する(隈 2005b)。そうしたことは私の関心事ではなかった。私の関心は、デザインの完成やそれが世間に認められることを目の当たりにすることではなく、デザインが周到につくりあげられていく過程をたどることであった。それから隈は自分のスケジュール帳を探し、それを見ながら「一番最近のプロジェクトは……、今日だ!」と私に告げた。

その日の朝、彼はクライアントと打合わせがあったのだ。これ以上新しい題材はない……、それは本州南部、山口県の《きららガラス工房》のプロジェクトだった。隈は、自分の特集号の雑誌を棚から取り出し、九八頁以降の《海／フィルター》という作品について書かれた箇所を開いた。二〇〇〇年に施工されたこのプロジェクトの基本的な特徴は、地元の良質な土で焼かれた有孔レンガにある。建物の敷地図面に関して、隈は、その日の朝交渉を行った施主にしたのとほとんど同じ話を私にした。続けて、彼は進行中の他の新しいプロジェクトについて話を進めた。たとえば、市ヶ谷への移転のため六本木の真ん中に思いがけない空き地を残すことになった防衛庁跡地の《東京ミッドタウン》の計画。これは都心部再開発計画の一部をなす巨大ストラクチャーで、《サントリー美術館》もこの再開発計画の一環である。このプロジェクトに関わっているのは彼だけではない。プロジェクトはまだ初期の段階で、完成まで三〜四年はかかる予定だ。それからまだ不確定な京都のプロジェクト、さらには東京の個人住宅……。こうして列挙は終わり、私は決めなくてはならなかった。私がコメントをし始めると、隈は相変わらず私の論考の裏面にメモをとり、私が自発的に興味を示したプロジェクトを順番に書きだした。まずその日話題になったガラス工房、次に都心部再開発計画の一環であるという理由で、防衛庁跡地のプロジェクト。その次に、規模は異なるものの東京ということで個人住宅。おそらく……、より正確なイメージを描くためにも、それぞれのプロジェクトについてなんらかの資料を閲覧できればよいのだが……。隈は私をユキに紹介した。彼女はこれら複数のプロジェクトに携わっており、必要なものを私に準備できる人物だった。隈は私のことを紹介した。

私がどのような教育を受けてきたか（文化人類学）、なぜ私がここに来たのか（建築のプロセスを理解するため）、私が何を生み出してきたのか（隈が先ほどから手にしているが……、ずっと裏になったままの論考。つまり文章を作成し、学問をしてきたということになるのだろうか）を説明した。間もなく隈は私たちを残して立ち去ったので、ユキと私は「現状確認」を始めた。

数日後、私が再び事務所を訪れた際、ユキは私たちが取り上げた三つのプロジェクトの資料が入った大きな封筒を私に準備してくれていた。彼女は二週間後に現場を訪問予定の隈とマコト――あのガラス工房の担当者――に合流するよう私に勧めた。プロジェクトをその始まりから理解するための絶好の機会だと私は思った。

場所にあるもの

あるインタビューのなかで、隈はまず現場となる場所に向かい、そして「場所に耳を澄ます」と語っていた（鈴木＆隈 2000）。場所とその場所を成立させているものを尊重する隈は、場所の霊に導かれるままに任せ、近代的なやり方での計画化よりもむしろ「測量すること」を好んでいるのだと私にも説明した。[3] しかし、場所において、ほんとうのところ〈何が導いてくれるのか〉。プロジェクトはその場所にあるものとともに始まるという考え方は、[4] 日本では古い歴史を持っている。この考え方は庭づくりの技法、正確には一一世紀の『作庭記』から、そして、風や雰囲気などを重視する場所の霊という発想から受け継がれたものである。日本における場所の問題は、日本の哲学者、西田幾多郎（一八七〇―一九四五）が展開した「場所の論理」

という考えをもとに、とりわけオギュスタン・ベルクによって深く掘り下げられてきた。[5] ある場所を想定するのは、存在するもの（ある物体、ある建物などの存在）でしかない。それは絶対的なものでも超越的なものでもないのである。しかしながら、何度も引合いに出されてきたこの存在論からわれわれは次のように結論すべきだろうか。すなわち、隈が現場に耳を傾け、その雰囲気を感じるというとき、結局のところ彼は〈日本語〉でのみ作業を行っているのだと。

　隈とマコトと私は空港で再会した。ポケットに手を突っ込んでいた隈の荷物はスケジュール帳と携帯電話だけだった。マコトはＡ３サイズのショルダーバッグを持っていた。到着した私たちをその日の運転手が待ち受けていた。日程を知らされていなかった私は、流れに身を任せることにした。海に面した空き地に到着する。空き地の右手にはやや洗練されたプレファブ風の建物がある。それはガラス工房で、建築家がこれから手を加えることになる。私たちは車から降りた。隈とマコトはプレファブに入る前に、下の浜辺との境界に建てられたコンクリートの防御壁まで足を運んだ。マコトはそこでポケットからメジャーを取り出して広げた。隈とマコトはいくらか言葉を交わした後に、すぐに工房に通じている海側の大きなガラスドアから建物に入った。私たちを迎えてくれたのは、この訪問を急遽企画してくれた芸術家の西川慎だった。そこには、西川自身が考案した複数の竃があった。竃の温度はそれぞれ異なる。竃の用途もまたそれぞれ異なるのだ。私たちは最初の部屋（暑い部屋）に設置されたさまざまな機械を見て歩き、それから二番目の部屋（冷たい部屋）に入る。隈は西川の説明を途中で遮って、

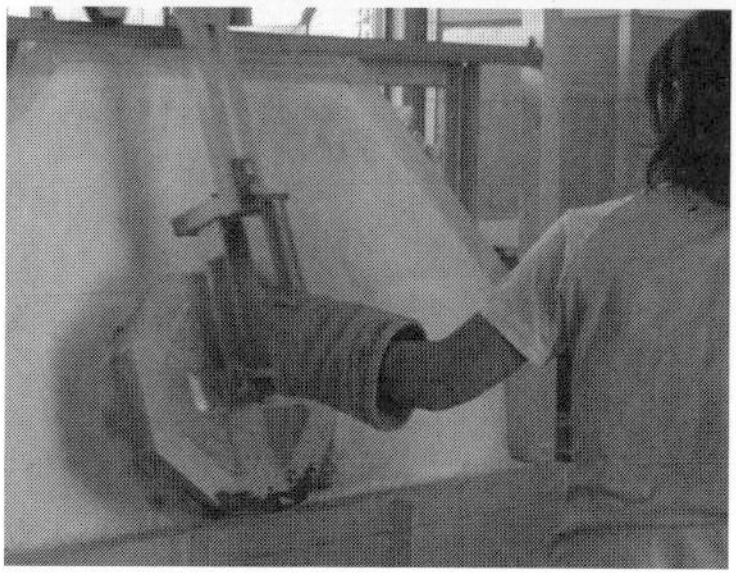

竃の呼び名を書きとめ、マコトにさまざまな名称についてメモをとるよう合図する。マコトは手帳を取り出し、道具の一覧表を入手しなくてはならないだろうと言う。

突然、グレーのスーツにネクタイを締めた大群が押し寄せ、工房は彼らの場違いな存在に満たされ、われわれの訪問を邪魔した。隈とマコトと私は一歩引いて、一行が落着きはらって工房のなかを動く姿を興味深く眺めていた。おそらく彼らは社会的身分の高い人たちで、そのため西川は少しの間私たちの相手をするのをやめ、すぐさま新たに工房の案内を始めた。隈のことは手短かに紹介されたが、彼がこのやりとりの中心にいないことは明らかだった。ここでのやりとりはローカルな次元の事柄だった——隈はよそ者にすぎない。そして、突然姿を現した一群は、同じく速やかに立ち去り、中断されていた隈の訪問は続行されることになった。訪問が終わるや、スケジュールを気にしていた運転手が、工房に隣接するショップに立ち寄る時間を短縮して、私たちを出口へとせき立てた。

私たちはレストランから数百メートル離れたところに停車した。私はその建物を知っていた。と言うのも、それは隈を特集した雑誌に掲載されていた建物で、彼は私にそれを見せてくれていたのだ。隈はこの建物から、今度の新しいプロジェクトを〈位置づけよう〉としていた。シェフと調理チームが私たちを仰々しく迎えてくれた。階上に用意された部屋へと通される。マコトと隈と私は浜辺に面した席に着いた。浜辺ではサーファーたちが波を楽しもうとしていた……。私はレストラン、美しい眺望、ガラスの仕切り壁のある建物の軽さに自然と夢中になった。私たちの前には、レストランのオーナー、スケジュールを管理する運転手、そして作家の西川が座っている。料理が次々と運ばれてくる間、西川はガラス制作の作業条件について説明する。完全には遮断されていない空間なので冬は寒く、夏はとても暑い（「吹き場」の温度は五〇度にまで達することもある）。風の影響があるので窓や扉を開けることも難しく、素材は脆い。そして直射日光は避けなくてはならない。会話からわかったのは、ガラス制作の重要なポイントが空気、つまり換気であるということだ。作家は「それがほんとうに問題なのです」と繰り返した。食事が終わる。仕事が再開される。私たちは西川をレストランに残して車に乗り込んだ。もう会うことはないだろうと思いながら、私は西川に二度目の挨拶をした。強い印象を受けていた隈は、車中でガラス職人としてだけでなく教育者としての西川の手腕について語った。西川は若い人から年寄りにまで開かれた自分の教育実践について良識ある説明ができる人だ。

市役所に到着する。各部署のカウンターを通るたびに紋切り型の挨拶が交わされる。私たちは革張りの大きなソファのある部屋に通される。隈とマコトと私は大きなガラステーブルの席に着いた。私たちの前にいるのは、昼食前にガラス工房を不意に訪問したあの市役所の人たちだ。真ん中には最後に到着した年長の人物がおり、彼を中心に議論が進められていく。私はとても素朴に、目の前でこのプロジェクトに関する交渉が進められていくのだと期待していた。そして、儀礼的な挨拶が輪舞のように交わされ、問題の核心へのおだやかな導入として会話が始められることになった……。隈は西川の話から始めた。西川が日本でほんとうに最良の作家であり、東京でもっとも物価の高い場所にあるガラスのカーテンウォールをはじめ、彼の作品が東京にまで及んでいることを語った。しっかり覚えたレクチャーを繰り返すように、隈は彼の活動がすべての人に開かれたものであり、子供であっても吹きガラスを行うことができることを説いた。西川は五歳の子供たちにも教えている、想像してみてもらいたいが、それは驚くべきことだ……。それにとりわけ習いに来るのは女性だ。続いて、ガラス工房の場所は素晴らしく、また、山口県全体が素晴らしい土地であることが語られる。隈は、浜辺にサーファーたちが集まるという現象が、このあたりでは最近のものなのかと尋ねた。と言うのも、レストラン建設の際には見かけなかったからだ。サーフィンの流行と、風の多い気候のおかげらしい。

素晴らしい眺望を享受しているのだから、普通ではない仕方で吹きガラスの制作をすべきだという印象を語った……。それから彼はヨーロッパのガラス文化、とりわけ結婚式の際のガラス文化に話を移す。また、隈は芸術家が集うヴェネツィア・ビエンナーレへの西川の参加を賞賛した。西川は自分自身で竈をつくったのだ！　完全な手づくりで……。案件の核心が論じられるのはいつかとずっと待っていたが、会話は明らかに終わりを迎えつつあった。日本滞在中のフランス人民族学者が関心を寄せていた会話はこうしてひとりでに収束していった。挨拶をしている間に役員たちは先に立ち上がって部屋から出て行った。運転手が再び私たちを出口まで案内する。マコトは市役所の公共事業課に残った。帰路、私は隈に会合がきわめて印象深かったことを伝えた。彼は、東京とは事情が異なるのだと言った。東京はもっと「事務的」だが、ここは「家族的」で儀礼訪問が大事なのだと……。ずっと後になって理解できたことだが、地元の有力者と隈との会合は儀礼的なものでしか、ネガティヴな言葉を使えば、内容のないものでしかありえないのだった。社交そのもの以外に内容はないと言ったほうがいいだろうか。

再びガラス工房に停車する。出発前にまだ少し時間があったので、西川は隈にガラス吹きをしてみてはどうかと提案した。レクチャーが始まる。誰もが笑い、そして少し興奮している。西川は隈を敬語で呼び、謙虚な姿勢で工程について説明し、制作したいガラスをデッサンすることから始めるよう言った。建築家は上着を脱ぎ、ショーが始まった……。ショップで紙とペンを渡された隈は、シャンパングラスのようなものを描く。誰もが巨匠のデッサンに夢中になった。それから隈は身振り手振りの指導を受け、カメラのフラッシュ音が起こる。隈のガラス作品はほぼ完成した。西川は隈に才能があり、最初にしては上出来だと褒めた。完成したガラスは賞賛を受け、西川はそれを竃のなかに入れた。私たちは素早く荷物をまとめて、まだ感動の最中にあった一群に別れを告げた。飛行機に間に合うよう急いだが、移動中はずっと眠った。

場所を感じること、現場で作業するとは、以上のようなことだ。これまでにないものを構想するために、それぞれが能力を競い合うだけでなく、それほど口に出さずとも、〈お互いの言葉に耳を傾ける〉建築家とガラス職人。場所そのものの（あるいはその一部の）写真だけでなく、シャツを汗だくにしながら、素早く描いたデッサンからガラス制作を行う隈を撮影した写真。プロジェクトの決定権を握っている「家族のような人々」と深めた関係性。竃や技法の名前、示唆に富むガラスの特性、暑さや光や空気など、〈つくる〉ことに伴うさまざまな制約（〈したがう〉べき制約ではなく）。その日、〈何が作用したのか〉を理解するためにも、こうしたことすべてを考慮に入れる必要があるのである。この訪問に大仰なところは何もなかった。仕事の環境に変化を与えるようなものは何もなかったが、脈絡なく存在していた、いくらか緊密な複数の結びつきが全体として揃って活性化したのであり、それは間違いなく、完成した作品に宿ることになるだろう。オブジェクト化よりもゆるやかな開発を、メジャーなやり方よりもマイナーなやり方を……。場所を散策すること、場所を訪問することの意味はこのように理解された。訪問は繰り返し行われることになるだろう。場所を訪問することは真にプロジェクトを始動させるものではなく、可能な小さな道筋のひとつでしかないのだが、訪問が繰り返されるたびに、新たな結びつきが形づくられていくことになるだろう。

書込みにつぐ書込み

翌日、事務所に戻り、私はマコトに頼んで、それまでこのプロジェクト用に集めた資料を見せてもらった。すでに複数の模型と、一〇ほどの一連の図面があることがわかった。隈は私と出会った日に、つまり、プロジェクトの〈始まりの日〉に、いったい何を言いたかったのだろうか。契約にサインすることが問題だったのだろうか。「いちにのさん」で始められた市役所での最初の会合が重要だったのだろうか。いずれにせよ、その日マコトは雑然とした資料の山のなかに私を放り込んだ。まずは、四つないし五つの小さな模型のシリーズがあり、マコトはそれで屋根の形や全体のヴォリュームに関する作業を行っていた。彼はデスクの上の棚の綴じた資料と大きな模型の間に置かれた、私の手ほどの大きさの模型を降ろし、ちょうど留守にしていた隣人のデスクとの間に積み上げた。これだけでは済まないと言わんばかりに、マコトは「まだ四階にあるよ」と言った。彼は四階に電話をし、探している模型がしまわれているはずの場所を説明し、私がそれをこれから見に行くことを告げた。

マコトはどれが最初の模型なのかはっきりとは言わなかったが、どれもほとんど同じ時期につくられたものだった。私はすでに心配になっていた。それらを数えあげるだけではなく、順番に並べ直さなくてはならないのではないか……。マコトは雑然とした書類のなかから、「ガラス工房資料」と書かれた書類ケースを取り出す。そこにはパンフレット、カタログのコピー、さまざまな材料に関するインターネットサイトからの情報などが入っていた。マコトが次々と鳴り響く電話に応対している間、私は隣のデスクに座り、その資料に目を通してみた。電話の

合間に、山口の人たちから受け取った最初の資料を見せてもらえないかと私は頼んでみた。それはA4サイズの簡単な図面で、図面上に並ぶ数字は建物内のすべての要素を指示している。なんとかこのプロジェクトの始まりにまで遡ろうと苦心している私を見て、マコトは隈のデッサンがあるので、それを見たいかと尋ねてきた。彼は笑いながら、スケッチはプロジェクトの出発点ではなく、そこは誤解しないようにとすぐさま付言した。スケッチはむしろ最後の段階に行われるものだと。なるほどと談笑しながら、私とマコトは、スケッチが最初に行われることなど、おおよそ本の中の話でしかないことを理解した。実際、「そんなことは

見世物《ショー》として行われるにすぎない」……。マコトは内緒で、些細なものから表現に富んだものまで、隈のデッサンをすべて収めた大きな抽出しを開けて見せてくれた。二本の線。破りとられた細い罫線の学生ノートに引かれた二本の線は鋭角を描いていた。二本の線には日付とともに「ガラス工房」と書き込まれた黄色いポストイットが貼られている。

それにまつわる話は、いくつもの点で際立っていた。マコトは私に、建築のプロジェクトが生み出される地点を捉えることは難しいということを示したのだ――新しい図案が絶えず直前の図案にとって代わるのだが、それは必ずしも前の段階から〈展開されたもの〉ではないからだ。最初に私が目にするのは雑然とした資料、積み重なった資料であった。それは順番に進められる手順、〈書込みの連鎖〉(Latour, 1993)ではなく、作成した当の本人にとってすら無秩序なものであり、彼は通時的な展開はここでは意味を持たないということをただちに私に示してくれたのだ。建築のプロセスがあるとすれば、それは明らかに視覚化の手順を複合することではない。また、その場合、スケッチは最初の行為の〈象徴《エンブレム》〉であって、最初の行為そのものではない。隈の引いた黒い線は実際のところ、プロセスの最後に引かれたものであり、最初に引かれたものではない――ほんとうに最後の段階というわけでもなく、時期を確定することが難しいある段階ないしある瞬間に引かれたものだ。こうした神秘的な線は、他の数多の行為のなかで生み出されるのであり、相互に重なり合う行為、頓挫した行為、反復された行為、折り畳んだり、ねじ曲げたり、切り貼りしたりする行為は、必ずしも内的なイメージを出来させるのに役立つわけではなく、世界と言うよりも「多層世界」をつくりだすのにひと役買っているのだ（Yaneva, 2005）。[6] マコトが示してくれたように、実際、集められた小さな模型やルーバーのカタログ以上に、スケッチが〈思考〉を含んでいるわけではないのだ。プロセスというものがあるなら、それは線的なものではない。手の打ちようがなかった。プロジェクトの発端は複数あり、それを捉えることはできないだろう。おそらく私が知ることすらない模型も数多く存在しているのだろう。多くのヴァージョンの模型。それこそが間違いなく重要なのだ。マコトは順序立てて作業を進行しているのではない――彼は〈異なるヴァージョンを生み出しているのだ〉。複数のヴァージョンがどういう関係にあるかはたいして重要ではない。必ずしもあるヴァージョンが別のヴァージョンへと展開されているわけではないのだ。重要なのは、それら複数のヴァージョンが連なり、積み重ねられ、次々と情報を生み出していくという方法である。それらはすぐに変容を蒙る。事務所のどちらかの階で見失われた後、再発見されることもあるだろうし、一度冷静になった眼差しや、熟慮を経た異なる視点から再考されることもあるだろう。そうしたことが重要なのである。マコトとの関係からもそのことは明らかである。プロジェクトの起源に遡りたいと私が望む一方で、彼は手順をコンパクトにしたり、簡略化したりするのではなく、複数化し、重ね合わせることに喜びを見出し、明らかにのびのびと仕事を行っているのだから……。

建築のための日々の試練

雑誌を読んでいると、若い女子学生のヒロコが青色で手直しされた図面を持ってやってきて、私の前の模型作成のテーブルに着いた。それは《きららガラス工房》の図面だった。私は自己紹介をし、このプロジェクトに対する自分の関心を伝えた。すでに現地に赴いたことがあることを伝え、彼女がどのように模型を制作するのか見てみたいと言った。彼女は、図面に引かれた青文字は修正ではなく、議論の最中に指示を出しながらマコトが書き込んだ説明だと述べた。それらの指摘は図面を補完し、彼女がどのように事を進めていくべきかを示してくれる。それによって図面は読みうるものとなり、ある意味で、〈作業可能な〉、〈模型化可能な〉ものとなる。ヒロコはまだ何も書き込まれていないもとの図面のコピーをとっていた。それは、これから加えられていくモンタージュの原案として役立つことになる。彼女の右手には山積みの模型があり、その上に複数の図面が置かれている。この大量の模型の一番上に《きららガラス工房》の模型が置かれている。それは原案となる模型で、「コンセプトを示しただけのもの」だった。彼女は内部が空洞の模型を見せてくれた。内部のディテールを入れて模型をつくりなおし、外部もより精密にすることが課題となっていた。私が立ち合うことになる作業は複雑なものであった。すぐにわかることだが、これは一義的な単純作業ではない。彼女は、必要となるものを手元に置いて次のように述べた。図面だけなら模型をつくることはできません、書込みや前もっての話合いが必要となるのです、と。また、何も書込みのない図案が数枚コピーされていますが、それは模型作成のための基礎となるのです、と。

ヒロコはスチレンボード——模型の基本素材だ——の大きな板をまずカッターで切り、それから定規できれいに仕上げていく。板の大きさを調整するために、彼女は直接、模型の長

さを測定し、それを今度は図面に書き込んでいく。つまり、ゼロから再開することは決してないのである。模型から模型へと〈何か〉が移されるのだ。しばらくの間、作業の基盤となるのはカットしたスチレンボードである。彼女は異なる厚さの別のスチレンペーパーを何枚も切り取り、デスクの周りにそれらを集めておく。同時にまた道具も身の周りに置かれる。何本かの定規、直角定規、そして、線を引いたり切ったりするためのカッター（これは鉛筆の役目を果たす）。カッターを使って彼女はデッサンを行い、スチレンボードをカットする。カットされたスチレンボードで側面の壁、ファサード、奥の壁が順番につくられる

のだが、さしあたって、大きなテープでそれぞれ二組みずつにまとめられていく。彼女は図面を使って組立てを行う。まず、基礎となる図面の線に沿って壁を立て、その壁を図面ではない紙の上に置き、切り口をきれいに仕上げる。途中で組立て作業を中断し、図面に長さを書き込む。図面はだんだん複雑なものになり、完成していく。それと同時に模型にも調整が加えられ、組立てが進められる。

それから彼女は作業途中の寄集め《アサンブラージュ》に外装を施した。ルーバーのついた海側のファサードを作成するために、彼女はスチレンボードの壁に同じ大きさの切込みの入った紙を貼りつけた。また、開口部、ドアやシャッターなどを作成した。第一段階が終了する。ヒロコはなめし革のようなスチレンペーパーを、直角定規とカッターを使って再びかたどっていく。彼女はシートの角度（直角）をあらためて確認した。長さを測り、角度を示すためにカッターで印をつけ、線を引いてから、切り取る。後ろの大きな家具の抽出しから彼女は透明なプラスチックシートを一枚取り出した。新しい素材での作業だ。この固いプラスチックで、建物内部の壁とルーバーのついた仕切り壁がつくられる。彼女は手元の図面に、黄色いペンでガラスの仕切り壁を描き直す——プラスチックはこの壁のために使われる。図面はだんだん明確になっていく。彼女のための図面《プラン》であり、作業計画《プラン》、彼女の作業日誌でもある。それは空間への書込みであると同時に、模型作者の時間を書き込むことでもある。こうした書込みは、模型制作のプロセスがどの段階にあるのかを指示してくれるのだ。新しい材料には、新しい道具を。彼女はプラスチックを切るために別のカッターを用いる。プラスチックはスチレンボードよりも強く、同じようには切れない。この素材は曲げて折り目をつけてから、切り、やすりがけをする。

隈との話合いの後にマコトが新たな案を持って現れる。それはルーバーのついたファサードに関するもので、最終的にルーバーは一番上まではつけず、ガラスのカーテンウォールにすることに決定した。しかし隈もマコトも、ファサードの真ん中に開口部をつけるかどうかまだ決めかねている。ヒロコはこうした未決定のなかで作業を行わなくてはならない――二種類のファサードを作成しなくてはならないのだ。この機会を利用して彼女は質問をした。「材質はどうしますか?」。今のところ決定されていない。さらなる未決定。この模型に関して言えば、ルーバーの素材について彼女はいかなる指示も受けていない。金属製にするのか、木製にするのか、それによって彼女はニュアンスを変えることになるだろう。

すでに遅い時間だった。小休止の後、ヒロコは組立ての作業を続けた。場所によっては退屈な部分や、繊細さを要する部分がある。たとえば、ドアをつける内部壁の場所には丁寧に透明プラスチックを入れなくてはならない。作業はほとんど終わり、図面とこれまでの段階の模型で何度も確認を行った後に、彼女は肌色のテープを両面テープに置き換え、作業過程や連続面を見えないようにした。ミニチュアの建物がつくられるためには、これ以上必要なものはないように思われた……。後は最後の陳列だ。ヒロコは模型と現段階で模型に必要な部品を持って、入口のガラスのテーブルに運んだ。テーブルの端には模型がたくさん置かれていたが、そこには彼女が前日に作成した現場の敷地の模型があった。この模型は台座の役割を果たすもので、厚いスタイロフォームから切り取られた大きな四角だった。不自然なところはほとんどなく、海岸、左手の下に建物のブロック、右手にはガラス工房が見分けられた。ヒロコはこのまだ何も加えられていない空間に、書込みのない図面を貼りつけた。模型が完全であるためには、それぞれの壁の部分が図面の線に沿って正確に立てられなくてはならず、そうすれば、最終的に線が見えなくなると説明してくれた。道具としての図面は、こうしてだんだんと消えていった……。彼女は再び壁の高さを削り、きわめて正確に図面の線上にカッターを入れる。内壁部分にも外壁部分にも。指でカッターを通した場所を確認しながら、土台となる敷地の上に建物の構造が刻みつけられていく。ルーバーはひとつずつあらためて描き直される。すべての仕切り壁と同様に、すべてがこの敷地に移され、〈設置される〉。それから彼女は図面を貼りつけていたテープを取り外し、近づいて、指で土地の表面に軽く触れる。基礎工事は完了した。彼女は敷地の上の側壁を一つひとつ調整する。透明プラスチックの壁はこれから設置される場所に横向きに置かれた。

ヒロコが内部の小さな仕切り壁を持ってきて設置しようとしたとき、思いもよらない事態が起こった。「図面に貼りつける」ためには微細なプラスチックの端の部分を削り取る必要があったのだ。すでにかなり遅い時間になっていた。ヒロコはためいきをつく。建物全体の特徴的な傾斜が仕事をかなり面倒なものにしていた。模型作成のテーブルとガラスのテーブルの間を、つまり、初めて一ヶ所に集められた部品群と、組立てのための欠点を露呈してしまった土台との間を何度も往復して数時間が過ぎた。上から黄色の線が引かれた図面の上に、ヒロコはさらに青色で残りの壁の部分をマークする。一二三時半だった。あといくつかの壁をやり終えたら今日は終わりだわ、と彼女は言った……。周りの誰一人としてまだ帰るものはいなかった……。

審査

再び山口へ出発。初めて模型のプレゼンテーションを行うためである。今回、隈は参加しない。空港でマコトに再会したとき、彼は笑みを浮かべて楽しそうに、昨晩「ヴォリュームが完全に変更された」と語った。隈とマコトは午後の終わりにデザイン全体を再考し始め、アサコは夜通しで新しい模型と複数の図面を作成した。ルーバーをファサードの一番上までつけることを隈が突然決めたのだ。このたったひとつの決定のために、壁の高さや全体のヴォリュームなどすべてが変更されることになった。マコトは今朝、事務所に寄って模型をピックアップしたので、空港までタクシーを飛ばさなくてはならなかった。飛行機に遅れないように運転手を急がせた。まったく予期せぬ出来事だった……。

いつもの運転手が空港で私たちを迎え、まずは現場へと向かう。エンジンをかけたまま、マコトは海岸のほうへ向かい、現場の真ん中で、右から左へ、空き地やコンクリートの防御壁の写真を何枚か撮る。

前回と同じレストランでの昼食。デザートの後で、運転手はマコトに新しい資料を見せてもらう。隈研吾建築都市設計事務所デザインによる黒いチューブの椅子のひとつに模型が置かれる。現場の模型は、海をバックにして大きなガラス窓のそばに置かれているため逆光を受けている。日光が強い時間帯だったために細部を捉えるのに苦労しながらも、皆が写真を撮った。写真撮影が終わり、模型は再び段ボールのなかに戻される。

それから再び車に乗り込み、市役所の公共事業課に到着する。マコトと私が待っていると、例の「家族のような」人たちとエンジニアがやってきて正面に座る。テーブルの真ん中に模型が置かれる。ゆっくりとした導入部。一人がマコトにレストランと同じ系統の建物を建てるのかと尋ねる。必ずしもそうではない。隈が多用するルーバーは共通しているが、ここで重要なのは換気である。ルーバーは可動式の「ジャロジー」となる（マコトは指を閉じて、ジャロジーの動きをとっさに行う）。彼は目の前の模型について、テーブルの右側に海と海への視界を遮る壁がくるとし、右手に現在の建物が、左手にはビルがあると説明した。マコトはその日、隈が不在であることをまったく慣習的な仕方で謝り、隈の代わりを慎ましく務めてプレゼンテーションを始めた。最初の図面の構想を導いたのは主に三つのテーマだった。

一．ホールから海が見えること、建物内部からの眺望を手に入れること。

二．「吹き場」があるので換気の問題を真剣に検討すること。

三．ホールからそれぞれの部屋の活動が見えること。

マコトは全員にホッチキスで留められた資料を渡した。彼は海側のパースで描かれた建物のデッサンについてコメントを始める。建物全体の構造のコンセプトを明確にするために、彼は再び模型を使い、屋根の上で円を描きながら、一番高いところにある工場、教室のある一番低い部分、それから、真ん中のホールを指し示した。マコトは手のひらで屋根の傾斜をなぞることで注意を引き、それがデザインの方向性を決める軸となっていることを示す。模型からパースのデッサンへと移り、重要な図像的要素であるルーバーがブラインドになることを強調する。「作家と話し合うことで、換気がもっとも重要なポイントであることがわかりました」とマコトは言う。それは文字通り海からの空気を入れるというアイデアだった。ジャロジーによって調整しながら海からの空気を通す。マコトはずっと海側のファサードに注目させ、水平のルーバー、そして垂直に立つコンクリートの突出部へ注意を向けさせる。ガラス制作のために避けるべき「直射日光を遮ること」も条件のひとつだ。ブラインドがあれば、内部から海の眺望を得ることができる……垂直の壁のほうをまっすぐ向かなくてはならないのではあるが……。

それからマコトはまた図面へと移る。最初の図面は全体図で、道路と周りにある既存のふたつの建物との関係から建物の状況を示したものである。マコトは模型をとり、右手でそれを持ち上げた。自由になった左手で彼は図面上の建物の四隅を指差した。そこにはそれぞれ異なる高さが記入されている。マコトは中心線を延長させながら、再び模型に触れた。端が低くなっているのは、道路から来る際に、既存のガラス工房が見えているということが条件だからだ。そして、全体の均整を考えて、屋根の高さは異なるものの一列になっていなくてはならない。次に内部空間の図面に移る。マコトは図面を指しながら、ホールからはふたつの部屋と海がいずれも見えることを示す。外の眺望を直接楽しむことができるテラスには、ふたつの通路かホールから向かうことができる。ここで問題が生じる。ある人が、海側から建物に簡単に入れるのではないかと懸念をもらしたのだ。

――「夏にはたくさんの若者がやって来ます。彼らはちょうどいい場所があると思って浜辺から入ってくるのではないでしょうか！」

マコト「しかし、この空間を閉じてしまうのはもったいないと思われます……」

――「アメリカのグラフィティー文化のようなものは、ここでは絶対に避けたいのです！」

――「ではシャッターをつけるのはどうですか」、と別の人が言う。

マコト「あまりデザインに合いませんね……」

――「では鉄柵は？」

――「ここは問題ですね……」

そこで話が終わった。

意図は明らかで、問題はこの時間内では片付かないだろうから、真剣に再考してください、ということだ。

二回目の訪問は何を〈生み出したのか〉。何が通過したのか。何が変容したのか。マコトはより豊かな情報を持って戻ってきた。一回目の訪問では自分のメモ帳しか携えていなかった彼が、今や複数の視点からアプローチしなくてはならない――つまり、〈向き合わなくてはならない〉――ガラス工房の模型を手にしているのだから。レストランで撮られた写真によって、この模型には枠組み《フレーム》が、〈固有の〉枠組み《フレーム》が与えられることになる。空の青さも海の広がりも、やがてはこの模型に固有の青さや広がりとなる。模型はテーブルの中央に置かれ議論の対象となる。模型だけでなく、土地に対する懸念、海風、浜辺の若者などについても語られる……。マコトが持ち帰る情報が豊かであればあるほど、その豊かさとともに作業を再開することができる。もちろん、新しい代替案を提案しながら再開し、「固有の」問題を再検討しなくてはならないだろう。模型による検討が終わると、マコトは事務所の床に散らばっている新しい「データ」――なかでも、マコトが事務所に戻るとすぐに、ダウンロードされ、〈シェア〉もされたパースのデッサンを構想するための写真――を持って、夜再び飛行機に乗る予定である。このデータを担当するのはCGアーティストのヒロアキだ。別のコンピュータでは、デジタル化されたイメージが加工されつつあった。ヒロアキは敷地と海に面する防御壁とを隔てる帯状のコンクリートのイメージを、〈あたかも〉海の側から景色を〈見ているように〉(これも「パース」を見ながら提案されたことだ)「反転」させた。

FFJ方式

翌日、模型制作のデスクでは学生のユズルがサンドイッチをむさぼりながら、九階に電話をしていた。彼はちょうど作業を始めるところだった。《きららガラス工房》の新しい模型の作成は彼が行うのだということがわかった。マコトは間もなく到着した。彼はこの若いインターンにジャロジーのシステムについて説明をする。これまでの模型を担当していたアサコはユズルにガラス工房の過去のヴァージョンの模型を使ってジャロジーの場所を示した。マコトはユズルに屋根の傾斜、屋根の四隅の高さがそれぞれ異なることを説明した。二人は繰り返し、模型制作の際にユズルが直面するであろう困難、つまり、スケールの問題を話題にした。彼らの計算によれば、実寸の二六ミリは模型では〇・五ミリくらいになってしまうので、そのサイズに切断するのは容易なことではない。マコトは優先課題を与えた。この模型は天井の検討用に作成されるものであるということ。この目的のためには、天井を取外し可能なものにしなくてはならない。作業に取り掛かっているこの若い学生の周りに、参照すべき材料が集められていった。マコトは数日前に作成した模型を持って降りてきたが、同様に、棚から取り出した別の模型、屋根を検討するためだけに作成された模型も参照した。それは建物の一部だけの部分的な模型である。解説の加えられたこの参考模型のおかげで、インターンの学生は、明らかにすべき問題を自分で考えることができた。図面を使って、マコトは建物の内部に何を置くべきかを、新しい模型を構成する構造の観点から説明した。ユズルは壁面をどうするか質問した。「それは現時点でまだ決まっていない」とマコトは答えた。そのため、ユズルは不明瞭な部分、未決定の部分とともに制作を行わなくてはならないのだが、そうした部分は基本的にさっと飛ばすことができる。話合いが進むにつれて、マコトは印刷機から出てくる大きなフォーマットの紙を拾いあげ、「こういうのが一一枚あるから！」と告げる。サイズの異なる紙が重ねられており、そこでは建物のさまざまな部分が検討されながら、細部が一つひとつ決定されていた。

ユズルは作業に取り掛かった。彼は異なるサイズの図面に長い時間をかけて印をつけていき、必要なスチレンボードを準備し、それを切り始める。マコトが再び姿を現す。「変更があった！」

と彼は叫んだ。最終的に海側のファサードは、「ジャロジー／ガラス／ガラス」の形をとることになった。ＦＦＪ（Fix Fix Jalousie：フィックス窓、フィックス窓、ジャロジー）のパターンで線を引いていく……。「フィックス フィックス ジャロジー、フィックス フィックス ジャロジー……」。マコトは、イタリアでのプロジェクトに出発した隈と電話で話したばかりで、隈は「それでいってみよう」と勧めた。後にマコトは解決しなくてはならない問題があったのだと説明した。本質的だったのは予算の問題で、二〇〇〇万円減らさなくてはならなかったのである。あるとき、彼らは話し合って、半「ジャロジー」半「フィックス窓」のシステムを考えた。吹き場のある建物の左側（後ろには海が広がる）にジャロジー、右側にフィックス窓。そして真ん中にテラスと開口部……。しかしテラスはもう存在しない。前回の山口での会合で、出資している建物に髪を振り乱したサーファーがグラフィティーを描いているところなどほとんど見たことがないにもかかわらず、年長者たちが心配して、テラスの案はボツとなってしまったのだ……。隈はデザインに関する交渉はありえないと考え、シャッターをつけて不細工になるのは「問題外」とした。

時間がない。ユズルは、隈が好きなモチーフを含む、建物を装飾する「ルーバーの再利用」という勧めにしたがい、アサコに模型を作成した際のジャロジーのデータを渡すよう頼んだ。彼女はマッキントッシュを立ち上げ、ユズルが使えそうな資料が残っているかどうか確かめた。ノートパソコンから、彼女はジャロジーのデッサンを見つけた。「でも、もう全然違うものになっているわ……」。ユズルはアサコに、どこかに適当なジャロジーのモデルがないか尋ねた。

二人はパソコンと周囲の模型から、何か参考にできそうなものを探した。足の踏み場もないほど散らかった場所から、マコトが山口に持っていった模型を見つけるのは無理だろうと、二人は長い時間途方にくれていた。最終的に、少し手の空いていたアサコが、ユズルを手伝いながら、パソコンで新たなヴァージョン――いったい、何番目のヴァージョンだろうか――のルーバーを、数値とスケールを変えてつくりだした。アサコはVector Worksというソフトを使って、ユズルの図面で作業を行った。彼女は余分な影を取り除いて新しい演出を示した。基本モチーフとなるFFJは、必要な数だけ反復されることになる……。

〈何らかの形で〉プロジェクトの始動に貢献した人にどれだけの数会っただろうか。また、何がプロジェクトを終えるのだろうか。始まりに立ち合わなかったのだから、終わりに立ち合うこともないだろう――かりに、建築という行為を捉えるのに、始まりや終わりにほんとうに意味があるとするならば。《きららガラス工房》のプロジェクトが始動して数ヶ月経ったある日、私はマコトに会いに事務所に向かった。挨拶をする前に、彼は私に巨大な包みを渡した。そこには山口の人々に送った六月二五日付の小包が入っていた。彼は資料を渡すのに時間がかかってしまったことを詫びた。すでに発送されたこれらの資料は私にとって死んだ資料だった……。デザインは完成し、後は解決すべき予算の問題、コスト削減の問題が残っているにすぎず、それとて「細部」の問題、たとえば、素材の選択の問題でしかなかった。屋根のゆるい傾斜、隈の作品を特徴づけるジャロジー、西川の作品の評判を確かなものにし続ける海からの空気。マコトが言うには、これら本質的な部分は決して損なわれていないということだった。

1　エチエンヌ・スーリオ（*Les différents modes d'xistence*, 1943）から借用したこの表現は本書の意図に完全に合致している。と言うのも、この表現は「芸術家から生まれたものか、作品から生まれたものかの選択を回避させてくれる」からだ（Latour, 2009）。

2　ずいぶん後になってから、隈がこのプロジェクトに失望していたことを理解した。二〇〇五年の『負ける建築』に関する論考のなかで、隈は次のように述べている。「ところが、結局トポス型も領域型も実現しなかった。地形化する建築はお金がかかりすぎると言われた。〝普通のパビリオンでいいんですよ。派手な形をしたパビリオンが万博みたいなお祭り騒ぎには必要なんです〟。建築家は、遠慮なんかせずに、派手でたくましい〝強い建築〟をつくってくれればいいんです、と言われたような気がした。領域型も同じようにして挫折した。〝ゴーグルをかぶって森のなかを歩いて、雨が降ってきたらどうするんですか、蚊にもたくさん刺されますよ（……）、責任をとってくれるんですか〟。すべての提案が拒絶された後、つくづく万博などに関わらなくてよかったと思った」（隈 2005a）。

3　以下の発言を参照のこと（隈 2000）。「プランニングとは、単に空間を所定の面積表に応じて間仕切っていくことではない。その手法は空間を計画するだけであって、そこにはいつまで経っても時間は流れない。床の計画は、レベルと傾斜と摩擦抵抗を媒介として、そのフロア上を移動する主体の運動に介入する。そのようにして、空間と時間とを同時に計画することが可能となるのである。この手法は、時間というパラメータの導入によるシークエンシャルな計画手法であるという意味で、プランニングではなくプログラミングと呼ぶことも可能であるが、むしろ僕は庭の方法と呼びたい」。

4　この点を指摘してくれたミュリエル・ラディックに感謝する。

5　以下の著作を参照のこと（Berque, 1995, 2000, 2005）。

6　アルベナ・ヤネヴァは哲学者ウィリアム・ジェイムズの「多元的世界（plurivers）」という表現から「多層世界（multivers）」という言葉を生み出した。一元論哲学（「世界は〈一〉である！」）とは異なり、ジェイムズは「事物の〈多様性〉」を検討している（James, 2007 [1907]. 一七三頁以下）。

作品のモチーフ

場所

第一景

東京の街中をひと巡り、六本木界隈、そこに意味を与えるタワー。

第二景

事務所。そして事務所内の書架、いくつもの異なるコンピュータ、模型をつくるテーブル、会議室。ふたつのフロアをつなぐエレベーター。

登場人物

隈研吾

一時的に所在不明。

三井不動産

一九世紀末に三井高利によって設立された三井グループのひとつで、不動産業に特化している。

巨大なタワーとオフィスビル、住宅棟、美術館などを含む六本木界隈の都市計画プロジェクトの設計監督となる幸運に恵まれている。
調査段階では「防衛庁プロジェクト」と呼ばれた本計画は、二〇〇七年に完成してからは《東京ミッドタウン》と改称された。

テッペイ

アメリカで学位を取得した若い建築家。他のプロジェクトに割り当てられたユキを引き継いで前記のプロジェクトを担当。彼が六ヶ月後にユキとケンジにそのポジションを受け渡すまでの間、「防衛庁プロジェクト」に関して私が追跡したのは彼だった。

ヒロアキ

CGアーティスト

ヒロコ

建築を勉強する若い学生で、模型をつくり続けている。

この章では様式[1]の問題を扱う。この章の目的は、前の章で見たようなプロジェクトの展開を観察することではなく、素材を追究すること、そして隈事務所で進行しているそれら素材の扱いや操作について理解することである。「隈様式」にアプローチするうえで、素材の重要性は何よりも隈の本質的な建築的意図であると思われる。（石、竹、紙、木材といった）素材が位置づけられ、場所が物語り、彼の建築はその場所によって生まれ、同時に場所を生み出す。私はここで特に木材とルーバーというモチーフに興味を引かれている。それは素材であると同時に素材を表現する手法でもある。木材とルーバーはどちらも等しく「建築のコンセプト」なのである。ここではそれらの素材とモチーフを、ひとつの流儀に限定されたものとしてではなく、変化という観点から考察することになるだろう。すなわち定義、デジタル化、レイアウト、形を与えるなどの操作による変化として。

多くの同時代の建築家たちと同様にポストモダン建築に巻き込まれた後、自然素材や日本建築のなかで伝統的に用いられてきた素材（石、竹、紙……）の哲学を主張する建築家として、その後の隈は知られるようになる。モダニティから顔をそむけ、ポスト・モダニティからも顔をそむけ（彼の著書には『グッドバイ・ポストモダン』[2]がある）、今日の彼は『自然な建築』[3]を提唱する。それは、二〇世紀を通じて互いに強く結びついたコンクリート、国際化、グローバル化の代わりに、地域性、職人仕事、環境との緊密なつながりに再び敬意を払うことを望むものである。自分に対して大工であること、庭師あるいは「デジタル庭師」（隈 1997）であることを交互に望み、とりわけ彼の創造の原動力のひとつである木材を用いたことが、二〇〇二年のフィンランドのSpirit of Nature Wood Architecture Awardの受賞に結びついた。文化普及雑誌NIPPONIA（1997, no.1）特別号の「日本の文化と感受性の一部である木材」を扱った記事のなかで、隈自身も、日本の現代建築の木材への回帰（正確には「ルネサンス」）を称揚している。木材固有の性質、その「多彩かつ比類なき」テクスチャー、その柔軟性、その軽さ、その香りさえも、そして無視できない森とのつながりを想起させるものとしても、これほど適したものはないと彼は賞賛する。また文化的な側面ばかりでなく、流行のテーマ体系（持続可能な自然エネルギーなど）のような木材に備わったもうひとつの性質からも、二一世紀の建築にもっともふさわしい素材であると隈は指摘する。その文章によれば、隈の建築は、ついに日本建築そのものと融合し、まず第一に日本的であるということに自身の根を見出した、まさしく現代の日本建築なのである。したがって来るべき世紀のモデルあるいは見本を提供しうるものである。そういうわけで、Spirit of Nature Wood Architecture Awardが隈に託すものは、「構造的な論理を尊重するための振舞いであり、日本の伝統的な木造建築に見出すことのできる、表現する力とディテールの正確さである。それに加えて、現代の偉大な建築家がこの賞を受賞することは、偉大な伝統を回復することへのオマージュなのである」（Lehtimäki, 2002）。

このようなレトリックがいかに有効であるとしても、〈実際に〉木材を用いる手法については何も言わないままでは、その複合的な役割も仮定のままでしかない。自然素材を繊細に用いるその知性ゆえに、隈は国際的に知られた〈時代の建築家〉になり、伝統的な建築への回帰、素材の新しい表現ゆえに、〈日本的な建築家〉になるのである。私は隈事務所における現在進行中の仕事を追いながら、その構成やそこに意味や用途を付与する形態や表現、そしてその複合的な取扱いを考慮しながら、木材やその代替のさまざまなものをすべてひっくるめて知るべく努めようと思う。(建築家同士で、あるいは建築家とエンジニアと施主の間で)争点になっている木材に関する議論は、その素材感が表象する哲学と同程度に、議論の余地があるものである。そして私に興味を抱かせるのは、それらのささやかな議論における表現とその限界である。

私はここで、ある特定のプロジェクトの過程で発展し、事務所内で提案されたさまざまな異なるレイアウトや形態化の選別のふるいにかけられ、建築的コンセプトに到達したものについて説明するつもりである。議論の的になっているプロジェクトは「防衛庁」の名で呼ばれ、二〇〇七年の竣工以来、今日では《東京ミッドタウン》の名で知られている。それは都市的な規模の建築プロジェクトと言うべきものであり(それは首都のスケールに見合った注目に値するものであり、現在の巨大な都市的プロジェクトのひとつである)、そこでは隈のチームに加えてふたつのアメリカチームを含むいくつもの建築家チームが仕事をしている。プロジェクトは巨大なタワーのオフィスと、高層の住宅棟、巨大な商業センター、控えめな規模のレストランと美術館の建物を含むもので、この最後の建物が隈チームの担当となっている。建設の前段階において、プログラムを考えるという苦悩に満ちた作業の次にくる「デザインの発展」の過程では、無数の絵が描かれ、(施主やエンジニアに対する)無数の確認作業が続く。隈チームは実質的にこの仕事を実施することを委託されていたが、現場のディテールはまだはっきりしていなかったし、提案されたデザインや選択された素材が、彼らの目的に適っていることを納得できるように説明することを施主は求めていた。彼らが発展させるコンセプトは、「木と水に満ちあふれた空間」と説明されている。それだけでははっきりしないので、彼ら日本チームの仕事は、新たにヴィジュアル化されたものを提供することで、どんな水やどんな木が重要であるかをはっきりと明示することであった。とりわけ木は、きわめて重大なものであり、さまざまな操作と議論の的となるものである。コンセプトボードやパース、模型といったさまざまな異なる媒体を通じて、[4] さらに施主やエンジニアとの打合わせによってそれがどんな道筋をたどっていくのかという点こそ、私が追い求めたいと思っているものである。[5]

ロケーション・ハンティング

隈のチームが直面することを強いられた最初の緊張のなかでも、彼らが向き合わなければならなかったのは「防衛庁プロジェクト」を内包する、より高次のコンテクストである。六本木地区は、二〇〇三年の《六本木ヒルズ》のオープン以来、数年の間にドラスティックな変化を迎えており、そのことによって六本木は東京の中心として再定義されようとしていた。争点となるのは、この町のスケールのなかで隣接する《六本木ヒルズ》といかに差異化しながら都市の再開発を行うかということである。[6]《六本木ヒルズ森タワー》は、その名前を出資者である森稔からとっている。彼は森ビルという企業の社長（当時）であり、気が向けば文芸の庇護を行った。一方で「防衛庁プロジェクト」はと言えば、三井という企業から発信されるものである。この文脈は計画上の重要な束縛となるものであり、建築家に《六本木ヒルズ森タワー》と「闘い」、「競う」ことが必要であると、会議のたびに繰り返し思い起こさせることになった。チームは、こうして「この場所からは絶対に《六本木ヒルズ》を見ることはできない！」といつも確かめあうのだった。新たなタワーは、《六本木ヒルズ森タワー》とまったく同じ高さか、あるいはわずかに高くなるように構想されたが、その基礎部分は《森タワー》よりも小さい。「その姿はよりほっそりして、より垂直的で、より繊細」なのであり、それに比べて《森タワー》は「あたかも基礎から頂部までが一個のブロックだけでできているかのようであり、その姿はとても重々しい」。重要なのはしたがって、「防衛庁プロジェクト」は《六本木ヒルズ》の二番煎じではないということを説明することであり、またそれが単にユニークなだけでなく他の建築言語に翻訳不可能なほどに表現力に富むものであることを納得させることである。

それは困難な仕事であったが、各チームにそれが求められた。さらに特別な事情としては、隈の建物がこのプロジェクト全体を「引き上げる」ものと期待されたということがある。（中央のタワーや商業コンプレックス、あるいは住宅棟に比べると）そのスケールは控えめであるが、この建物はこのプロジェクトの敷地の外れにある公園に隣接しており、そこに独特の場所性を与え、プロジェクトの「シンボル」として「ブランド」として、それを特徴づけ、認識させる助けになるものとして振る舞うことが期待されている。しかしながら、その機能がきわめて明快なほかの建築とは対照的に、隈の建築は「人々を惹きつける」こと以外は明確な役割を持っていなかった。私が聞いたところによれば、もともとは商業スペースを収容するものとして、続いて商業スペースと居住スペースを収容するものとして、続いてオフィスとして考案されたのだと言う。企画段階では、そこにはレストランが収容され、その上に美術館か美術ギャラリーを載せるかどうかが問題となった。そこに割り当てられるべき機能ばかりでなく、隈のチームに与えられた専門家としての領域が時の流れに沿って変化していく。私が説明されたところでは、最初は建物の「スキン」のデザインにしか関わることができなかった。しかし施主（三井）とエンジニア（日建設計）がそのデザインを気に入ったため、隈のチームはこの建築のほかの部分に対してもアイデアを出すように要請された。そして徐々にインテリアにまで関わるようになっていったのだという。

デザインを具体化していく媒体（コンセプトボード、パース、模型）を順に見ていくことで、隈の建物に与えられた特権的なステータスが、どのようにしてそのデザイン、特に「特徴的な壁」（feature wall）としてデザインされた木材のサーフェイスに力を注いだのか——施主やエンジニアとの交渉にも同じく多大な力が注がれた——を見ていこう。

コンセプトボード

私が観察したプロセスは断片化されたものである。誰一人として、隈自身も彼を取り巻く若い所員たちも、すべてのカードを手にしてはいないようだった。プロセス全体を統括する隈と言えども、事務所とプロジェクトの代表として施主を訪問した際には、すべてのディテールを報告するのに苦労していた。所員たちは、隈の同意なしには何も決めることができない。さらに、言われるままに模型を作成している学生たちは、そのプロジェクトが何なのか、それがどこに建つのかも知らないのだった。その学生たちは、隈と相互に作用しあうことはない。所員たちは、彼らが作業しているフロアに立ち寄り（模型を完成させるのに必要最低限のディテールを説明し）、別のフロアへ移動し（同じディテールについて隈と相談して、そこで提案された修正案をメモすると）、また舞い戻る。[7] 再び降りてきた所員たちは、学生たちに隈から提案された修正案について説明するのだ。私には、それは話し手それぞれにとって不便な細い糸のように見えた。私の視点からすれば、それは〈物事がどこで実際に起こっているかを知るうえで〉問題を引き起こしている。しかし私も数週間前からそのなかの一人だった。三井の代表者と毎週行われる会議、コンピュータによるパースの制作、模型の組立て、分解、そしてまた組立て。

ミニマムに細分化された仕事の組合わせによって構想を進めるプロセスについての私の驚きを伝えたとき、「防衛庁プロジェクト」を担当している若い建築家のテッペイは、私が観察しているのは「防衛庁プロジェクト」を完成させるために残っている「些細な修正」にすぎないのだということを、すぐに明らかにしてくれた。「コンセプト」は二ヶ月も前に、まる二日の徹夜によって完成し固まっていた。ユキと彼はそのとき、それを「終わらせ」、「コンセプトに昇華」させなければならず、「一案を出す」までは解放されなかったのである。アメリカにいる彼らの師の一人は、その建築プロセス、そのコンセプトの第一段階のことを「チャンスの働き」と名づけた。そしてテッペイは、このプロジェクトの「チャンス」は、その二晩にあったと考えたのである。私が観察していた拡散する構想に対して、テッペイはその二晩の徹夜で固められた、私の観察では決して届きえない核となる構想を対置していた。あなたには根本的なものが欠けている、とテッペイが私に言っているかのようだった……。残るは、組立て、分解、そして施主との打合わせにわずかな苦みを添える少しばかりの交渉ごとであり、それらは些細なこと、煩雑な駆引きにすぎない。当然のことながら、「控えめなベール」が計画における「操作の実質性」を都合よく覆い隠していたのだ（Callon, 1996. 26）。多少なりとも集団的な精神のきらめきのなかから生じるコンセプトは、題材との対立や施主との対立といった様々な対立からも傷つけられることのない、純粋なアイデアとして現れる。しかしながら頭から紙へ〈アイデアからコンセプトボードへ〉と移されるその操作は、単なる伝達ではないし翻訳でもない。それはコンポジション、アサンブラージュ、コラージュの仕事から生じるものである。それをつくりあげる道具は、コピー機や裁断機や製本機である。したがって〈コンセプトメイキング〉は、まったく同様に私が近づくことのできなかった瞬間に行われたものであり、それはテクストの構成ではなくページのレイアウトとして行われたのだ。コピー、印刷、切貼り、修正、再構成によって。

「防衛庁プロジェクト」において、「木と水に満ちあふれた空間」という構想を示すのに役立つコンセプトボードには、何が含まれていればいいのだろうか。計画された質を表現し、建築意図を示すという使命のために、後で見るような建物の形を〈直接的に〉示す媒体とは異なり、イメージと言葉の組合わせによってボードは表現されなければならない。「防衛庁プロジェクト」のための初期の重要な打合わせのひとつで作成された〈パッケージ〉のなかで、コンセプトボードには三つの視覚的資料が並置され、それに連なるキャプションには控えめにアンダーラインが引かれていた。「スダレのイメージ」、「ホワイト・オニキス」、「隈研吾建築都市設計事務所、水／ガラス」と、参照されているものが明示されている。最初の写真は禅の庭に関する本から引用されたようであり、二番目は水の泡を思い起こさせる自然石のモチーフであるオニキスのクローズアップ、三番目は隈の過去の作品であり、注意深くそのアングルを構成したものになっている。キャプションの下には「コンセプト」を示す三つのキーワード、「スダレ・ルーバー」、「ライト・パッセージ」、「ウォーター・ガーデン」が記されている。キーワードの行がこのボード全体をまとめあげている。これが《六本木プロジェクト》のD棟北の建物のためにつくられた、「隈研吾建築都市設計事務所」のコンセプトである。

その構成は驚嘆すべきもので、それほどに三つの要素は上手に並置され、それらのスケールは同じではなく、まったく異なる現実性の程度を参照している。モンタージュにおける「つながりの強さ」は、同質性の強さではなく、異質性の強さであると考えるべきであろう。「異質なもののショックこそが共通の尺度を与えるのだ」(Rancière, 2001. 65)。三つの要素のそれぞれは構成のなかで意味を有しており、それが入念につくりあげられた建築的な意図あるいは哲学を形づくっている。実際、隈の著述のなかで彼自身が好んで用いる表現によれば、「細分化」、「分子化」された控えめでミニマリスティックな素材の使用が主張される。これらのボードは、この建築家がしばしば助けを借りる念入りなテクストのような他の道具の助けを借りながら、個性的であることを目指す建築の質を書き起こすための手法なのである。ここでは、〈分子化〉というアイデアは、古いものも含むいくつかの要素を斬新に構成することで表現された。そのことは、《水/ガラス》プロジェクトの写真を使うという点で明らかである。そこには、隈自身のコンセプトを読み取ることはできても、「防衛庁プロジェクト」のコンセプトはあまり読み取ることができない。それは署名された隈のブランドであり、その建築の気質である。同じように、境界面の内と外を干渉させる木材のルーバーは、伝統的な日本建築のモチーフの要素であり、隈によってしばしばその可能性が探られてきたものである。模型用のテーブルの隣の小さな箱には彼らの入念な作業の過程で廃棄された紙類が入っているのだが、そこには「ルーバーをリサイクルしよう!」という言葉が掲げられている。コンセプトボードは、こうして影響範囲を定義する。木と水は隈を環境に配慮した建築家にする(彼はそのことを、別のところですでに立証した)。ルーバーは彼を日本的建築家にする。ここに再び、日本建築との融合がある。

パース

コンセプトボードが、計画中の空間を〈描き出す〉ことをせずに、視覚的な項目とテクスト項目の組合わせによって、参照項目のネットワークによって〈書き込む〉ものであるのに対して、パースは確信の決め手となる道具である。それは、追加、彩色、アニメーションといった操作を通じて、ヴァーチャルな情報空間のなかに、いまだ存在していないものを出現させるものであり、建築家とCGデザイナーを巻き込んだ、〈現実〉に対する異なる立場からの議論と実験である。このプロジェクトに関わる建築家の一人の表現によれば、「スダレの現代的なヴィジョン」によってこのパースは「水の印象と木の香り」をつくりだそうとしている。「防衛庁プロジェクト」のチーフである建築家のテッペイと、このパースを完成させるために雇われたCGアーティストであるヒロアキは、次のようなやり方で協働している。「たとえばAutoCADを使って、コンピュータにモデルをつくらせるところから始める」。テッペイは私にコンピュータのディスプレイ上で、建物の内側と外側の構造を露わにする、初期のモデルのひとつを見せてくれた。当のモデルは、ディスプレイの黒い背景のなかで、三次元の色線の連続のように見えた。そのモデルにおいて「ルーバーの一つひとつはオブジェクトになっている」。「次に、ビューを使って（デジタルのオブジェクトの一部を選択するというふうに私は理解した）それをレンダリングする」。彼は私に話しかけながら、実際にマウスでオブジェクトを選択し、エンターキーを押した。「ほら、これでレンダリングができる。少し時間がかかるけれど……」。コンピュータはあらかじめ入力されたパラメータにしたがってレンダリングに専念しているようだ。ようやくレンダリングがディスプレイに表示される——突如そこに現れた建物、それは大雑把な色の下絵ではあるが、デジタル空間のなかで、たしかに識別できる物体である。私は少しの間、パソコン上でそれが修正されるのを見続けていた。彼はもうAdobe Photoshopを使ってパースの仕事に戻っていた。ウィンドウをひとつ開き、続いてさまざまなツールの並んだ別のウィンドウを開くと（「明るさ／コントラスト」、「カラーバランス」……）、彼は色合いを調整する。隙間を色で満たしたり、色を消したり弱めたりする。そしてついに彼はこうしたシステマティックな操作を、木材などの素材のタイプと色を調整するパソコンの機能やプログラムを用いた作業を終えた。テッペイは「色に関するきわめて一般的な考え」からスタートして自分専用の表をつくりあげている。それは彼が隈と議論しながら少しずつ練り上げたものだった。こうしたケースで隈は、「あまり暗すぎず、あまりくすみすぎない」ものを求めた。それは仕上げの操作であり、テッペイがCGアーティストであるヒロアキの専門知識に頼るところである。テッペイが手にしたのは、彼によれば「イラスト程度のもの」だった。「AutoCADでこれ以上のものがつくれるか？」。彼は諦めて、「魔法使いの」ヒロアキにそれを渡した。ヒロアキの魔法の杖は3D Studio Maxと呼ばれる代物だ。それは「より直感的な」議論に対応するもので、連続的な近似によって周囲の環境、空、草木、人々を追加していく（「こんな感じ？」、「こんな感じ？」）。それらすべてはダイナミックな効果を表現しうるものである。周囲の環境が、イメージ・バンクやこのプロジェクトが始まったときに撮影された写真を使って入念に整えられていく。レイヤー上の連続するさまざまな要素は、敷地の写真を撮りに行ったおかげで入手されたものだ。「そんな感じだ、よしオーケー」。3D Studio Maxというソフトウェアの助けを借りて「ヒロアキは、これもこれも、それぞれのオブジェクトを配置したんだ。彼はテクスチャーも作成したし、光も入れ込んだ（……）テクスチャーを割り当てることで、これが木材で、これが石材だということを定義できる」。山積みの資料や、仕事場の床に散らばったさまざまなもののなかから、テッペイは明るい木材でつくられたルーバーのサンプルを引きずり出した。物体をスキャンして「テクスチャーを作成する」こともできるのだ。次に、「光を入れて、レンダリングする。レンダリングとは色を描くことだ」。この段階では、ルーバーのサンプルと同じようにオブジェクトは具象化されており、もう一度デジタル化されない限りは移動も変更もできない。（色やテクスチャーといった）その属性には、二次元あるいは三次元の図を提供してくれるということ以外の価値はないのだ。

「レンダリング」とは「テクスチャーを作成すること」あるいは「色を描くこと」である。それは空間のある部分に素材感、すなわち素材・色・密度などを与えるものだ。その操作はデッサンではなくコード化である。交換可能なユニットのなかで空間上に二次元の形を与え、それをテクストであるかのように扱う。ある色のコードは、ある素材の計画において価値のあるものであるし、その素材を表現するために同様に何度も繰り返されるものである。データベースのリストのなかで特徴が説明されたあるテクスチャーは、ある部分に結合される。その段階では、コンピュータ上のオブジェクトに色やテクスチャーを与えることで、「ここ」には木材が当てはまり、「あそこ」にはコンクリートが当てはまるということを決定していくのである。しかしこの段階ですでに、物事はそれほど簡単なものではないし、パースのドローイングも同等に重要な――同等に説得力を持ちうる――ものであり、「図の制作」では精緻に、素材のさまざまな状態を箱詰めできることが、経験上明らかになる。デッサンの最初の試し刷りを見た後で、隈はここやあそこの色を再検討するように指示を出す。彼は木材にもっとニュアンスを出すことを、「コントラスト」を求めていた。それは使われている実際の木材が間違っているということではなく、「レンダリングのため」である。たとえば、壁の角の垂直性やルーバーの水平性によって生み出される効果をレンダリングできるかどうか、あるいは、建物の特徴などをある壁面によって強調することができるかどうか、ということである。木材はつまり、単純なコード化によって定義されるのではなく、それがつくりだすと見なされている〈効果〉との関係によって定義されるのである。影と光、コントラストによって。

模型

模型の存在によって、プロジェクトの説明文はページからはみ出していく。模型は「木材」というコンセプトを、他の要素や素材を用いた場合の効果に対置させる。ここでの関係性は、まさに対決である。概念が具体化され模型によって形づくられる際には、必ず素材の問題が立ち上がる。[8] その素材が実際の材料とは異なるものだったとしても、素材はそれ固有の特性を示してくれるのである。

テッペイとヒロコは模型制作のために割り当てられた場所で仕事をしている。テーブルの上には、さまざまな図面、ルーバーのモチーフが印刷された紙の束、1／200のスケールで制作された以前の模型の断片、定規、明るい色の木の棒などが広げられている。彼は、1／20のスケールで精巧に仕上げる新しい模型のための指示を出す。「(ルーバーの) 密度を見るためにスケールを大きくしよう。その次は、勾配を見るために、実寸の木片を使って1／1スケールの実物大のサンプルをつくる」。ルーバーのモチーフは、プロジェクトの進行に応じて修正される——テッペイは、プロジェクトの以前の段階ではファサードの最上部まで覆うルーバーがあったことを説明する。そしてすでに完成している模型を指で示しながら、この部分のルーバーをなくすように計画が変更されたことを説明した。モチーフが変化することで、新たな配置についても同時に検討しなければならない。しかし「大きさが変化することは、すべてが変化すること」なのであり、したがって、それぞれのスケールの変化は、素材の組立てを何度もやり直すことを意味する——デザインの観点から見て密度が高すぎないだろうか、あるいはルーバーの角度は正しくなっているだろうか。

テッペイに対するヒロコの質問は、しかし、それとは異なることについてだった。「テクスチャーはどうするんですか?」、彼女は聞いた。「グレーだよ、カーボン・グレー」、テッペイが答えた。所員のテッペイが立ち去り、学生のヒロコはビニール袋から細い木の棒を取り出し、そこに薄く色をつけるために二本手に取った。それは垂直の構造体をつくるためだと、彼女は教えてくれた。先の彼女の質問とそれに対するテッペイの答えは、したがって、模型制作のための材料のテクスチャーに当てはまるものである。彼女が関わるのは色の問題だけであり、計画されている建物とは関係ないのだ。ヒロコはそもそも「カーボン・グレー」だということから、色のついた支えは「きっとスチールだろう」ということしか推測できなかった。その一方でルーバーについては、彼らは同じ木の棒を使うのだが、「だってそれは木材なんだからあるがままに」使おうとするのだった。同じ木の棒が、色を変えられることによって異なった使い

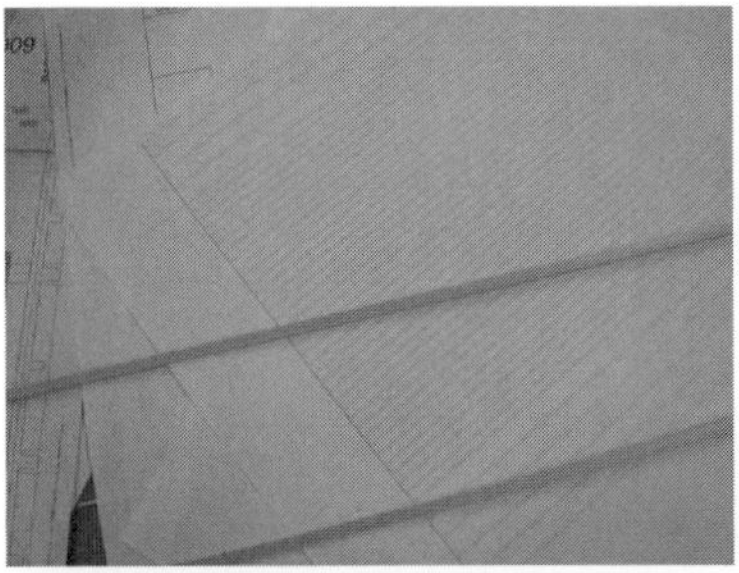

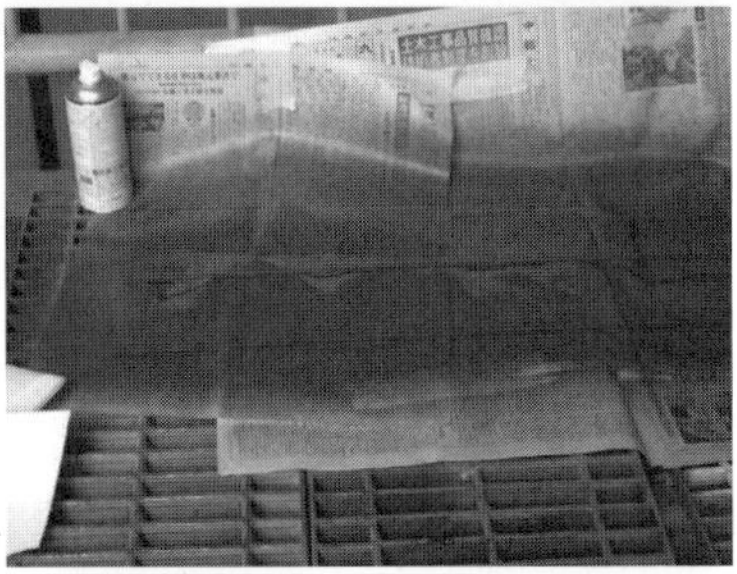

方を示す。目に見えるものを信じてはならない——それとも単純に信じればよいのか？　木材は、いつでも私たちがそう思うものであるわけではない。同じ木材が、そこに施される処理によって、カーボン・グレーに塗られるか否かによって、もしかするとスチールかもしれないし、もしかすると木かもしれないのだ。その操作は、つくりだされた効果に対する信頼感を生じさせる。模型の役割であるその効果という観点から考えれば、それがスチールの構造体なのか、木のルーバーなのかはっきりわかり、〈認識〉できるようにする必要があるのだ。

テッペイは九階にある彼のコンピュータから大判の用紙にルーバーをプリントし、五階下のフロアでヒロコがそれを受け取った。模型は、同時進行の書込みにしたがって実現される。テッペイは彼のコンピュータのAutoCADを使ってルーバーのモチーフをデザインし、その間にヒロコは木の棒の形を整え、その図面がなければ組み立てることのできない材料を準備する。学生が形をつくりあげるために、木の棒を準備する（長さを測り、ヤスリをかける）のと平行して、所員によってルーバーがページにレイアウトされる（間隔を空けた栗色の細い線で描かれたファサードの図面）。ヒロコは避難階段の踊り場で二本の棒に色を塗る。カーボン色の二本の棒を乾かしている間に、彼女は同じくルーバーに使うための棒を切り分け始める。彼女は、定規を使うのではなく、印刷されたルーバーの図面を基準にして、一本、また一本と切り分け始めた。やがて彼女は、同時にいくつもの木を切るために、何本かの棒を束にすることを思いつく。ルーバーは、繰返しの作業によってつくられており、かたまりで、あるいは連続で切断することが可能なのだ。彼女は紙に描かれた線を数えた。彼女はその切断システムをさらに改良し、棒の束を五本ずつテープで止め、切断する直前に、束を固定するためにもう何ヶ所かテープで止める。ヒロコは束になったルーバーを、ヤスリで均等に整えた。いったん大きさを確認すると彼女はテープを取り除き、すでに色を塗った棒——スチールの構造体——を小さなスタイロフォームの上に二本並べ、その上にその明るい色の木の棒を、一本ずつ置いていった。ヒロコは、新たに置かれた棒の一つひとつと、先に置いたものとの間に、下に敷いた図面と同じ間隔が空いていることを確認する。図面は、ここでは尺度になっている。棒と棒の隙間、棒の数、その構成のリズムなどを決めているのは図面なのである。何かが先に描かれ、何かが後から制作されるのではない。図面と木の棒という媒体は、ひとつの同じ操作のなかで、一方がなければもう一方も解読不能な共存関係にあるのである。

ようやくルーバーの切出しが終わり、ヒロコは組立てのときに下に敷いていた紙ごと、ルーバーを用意したスタイロフォームの上に置いた。模型の部材は、いまだ判然としないままに積み重なっている。続いて、彼女はルーバーの下の紙を引き抜き、全体の組立てを始めたが、危険なほどぐらぐらして壊れそうなことが判明した。九階まで上がってテッペイにそれを見せるために、彼女は再びそれを分厚くてもっと大きいスタイロフォームの上に乗せてトレー代わりにした。テッペイを探している間に、ヒロコは会議室のテーブルの上に模型を置いて、そのつくりだされた効果を見るために歪みを修整し、全体をスタイロフォームに貼り付けた。立ち寄ったチームの若い建築家がコメントする。「すごく日本的ね……」。彼女は、隈事務所で働くようになって以来、このギザギザのモチーフ、ルーバーを「流動性」を備えた水の流れと結びつけている。模型制作においても、隈の「建築哲学」が脅かされることはないことを示しているかのようだ。木という自然素材を粒子化することで、失われたものは何もないようだ。

ルーバーの試練

ある日、テッペイはガラス業者を迎えた。彼はその二人にもっとも新しいパッケージ（この打合わせのために用意されたもの）を見せる。台座の上で真っ二つに切断された模型（この会合の間、この模型と合体するもう一方の模型はなかった）、そしてガラスのなかに差し込まれた薄い木片の三つのサンプル。それはそれぞれに樹種の名前が書いてある薄い木片で、コンピュータのデータベースのなかの写真カタログに置き換わるものである。

二人の男はテッペイと向かい合い、テッペイは模型の説明から始めた。彼は、彼が関わっているプロジェクトがどのようなものか、ものすごい勢いで説明する。防衛庁の敷地であること、都市スケールの大規模なプロジェクトであること、隈のチームが担当しているのがD棟北に位置する建物であること。そしてすぐさま、問題となっているのが角の壁であることが説明される。その壁は「特徴的な壁」（feature wall）であり、プロジェクトのシンボルとなるものであるため、美しいものであることが求められている。テッペイは、議論がしやすいように、そこで使用するものを説明すべく、薄い木片でつくられた三つのサンプルを見せた。あるものは私たちが当初、解決策と考えたものだったが、それは通気性が悪く、湿度と排水の問題が心配された。言い換えれば、薄い木片をつくることは技術的に可能である——サンプルがそれを証明している――しかしながら、「水のテスト」には合格しないのである。そこで、また別の解決策が計画された。ガラスの合板とも言うべき薄い木片である。それは木の合板と同じシステムであるが、支えのために材料のなかにガラスが混ぜられているのである。「はい、それは可能です」と、二人のうち一人が賛同した。それは実現可能である。彼はファサードの大きさを調べた。そして次のように提案した。木の自然なデザインの繰返しを可能にするようなパネルをいったん組み立ててつくることは可能です、それはその高さによってまるで樹木のようなファサードになることでしょう。テッペイはそのモデルで構想されたサンプルをつくるように求めた。この事柄は明らかに、主要な問題を提起するものではなかった。この人物は、このようなシステムを容易に実現することのできるイタリア人の協働者を活用する。彼の協働者たちは、とりわけガラスと木のなかの空気を取り除くことを可能にするテクニックを有していた。それは手作業で行えばより効果的であるし、そのうえ周知の通りイタリアのガラスは安いのだ。

この打合わせのなかで、完成に至るまでの全体の工程が列挙され、検討されているときに、別の問題がもちあがった。業者が提案した対策は、湿度を考慮に入れなければならず、費用の条件を満たす必要があり、（高所で木目を描くファサードという）作品の真正さと審美主義だけでなく、法的な拘束にも対応させる必要があった。この点に関して、テッペイは最後の手段として建設の許可にサインする役所対策のための議論を練り上げた。

法的な視点から見たとき、ルーバーに用いられる木材は不燃性でなければならない――しかしこれはそうなっていなかった。そこでテッペイは別のパラメータを巧みに操った。火災に関する法律によれば、建物に用いられる可燃木材は、耐火性能を保持するために壁から六〇〇ミリ以上離さなければならない。テッペイはこう論証した。この六〇〇ミリを「われわれは持っている」――そして私に外側に向かって曲がった棒を見せた。この棒がルーバーを壁から間隔を空けて保持しているのである。「これは壁ではない」と見なすことができればそれで十分であり、ファサードのルーバーは壁ではなく「単なる装飾」なのだ。もし役所の行政担当者のもとでルーバーは装飾であるとのお墨付きを手に入れれば、ルーバーは可燃性の天然木材でつくられても問題ない。しかしながら、同じくその法律は次のように定めている。すなわち高さ三メートルを超える天然木材は、不燃材でなければならないと。テッペイは、ルーバーは平らな木材ではなく「単なる線の連続」と九〇パーセントの開口であるという事実に賭けようとしている。それらのルーバーによって形成される線をすべて積み重ねても合計三メートルに達しないので、法律の検査をパスするだろう。

したがってこの試練は、コンセプトボード、パース、模型についてここまで見てきたやり方とは違うやり方で取り組まなければならないようである。しかしながらこの問題は、巧妙なレトリックに頼りながら、木材を表現の次元に組み込むことで克服された。すなわち、ファサードは壁ではなく「装飾」であり、ルーバーはファサードではなく「線の連続」なのだ。

1 この章のなかで扱われるデータの一部は、少し異なる議論を発展させた論文のテーマだった（Houdart, 2008）。

2 隈、一九八九

3 隈、二〇〇八。隈は、（私が取材した当時において）これが彼のもっとも優れた著作であると考えている。

4 図面や詳細図面のレイアウト表現については、決まりごとによって強く束縛され形式化されているため、その問題についてはここでは無視することにする。

5 次の章で私は、特に文化の問題について考察を続ける。

6 敷地は《六本木ヒルズ》（森タワー）からわずか数百メートルのところに位置する。この場所は明治の維新（一八六八）を過ぎるまでは侍の一族が所有していた。第二次世界大戦後には、この土地の外れはアメリカ軍に接収された。続いて、今その名前で呼ばれているように、防衛庁のものになった。最近になって日本におけるもっとも重要な資本会社のひとつである三井グループに買収された。すなわち三井こそ、隈によるレストランおよびミュージアムの施主である。「東京グランドデザイン」のひとつに数えられる六本木再開発は、小泉首相（当時）の直接の管轄のもとで都市再生本部によって主導された。都市計画の視点から見てニューヨークや香港などのメガロポリスに匹敵すること、国際的競争力を高めること、経済的、政治的な危機に歯止めをかけること、といったことがこの巨大プログラムの根本的なモチベーションに含まれていた。

7 私が知っていた隈研吾建築都市設計事務所は（数ブロック先の彼ら自身が設計した建物に引越しする以前は）建物の四階と九階に入居していて、その配置ゆえに誰もが不満を漏らす絶え間ない移動を余儀なくされていた。

8 この点は、レム・コールハースの事務所において進められている仕事のなかで、アルベナ・ヤネヴァによって示されたものである（Yaneva, 2009）。

環境の中の建築

場所

第一景

事務所内。書類を紛失したと思ったが、ここで見つかった。

第二景

日本橋地区にある三井不動産本社ビル。大小の会議室。アメリカと日本との間でテレビ会議が行われたが、時差の関係で朝七時に集まらなければならなかった。

登場人物

SOM

ニューヨークの事務所、スキッドモア・オーウィングズ・アンド・メリルのこと。「防衛庁プロジェクト」におけるマスターアーキテクトであり、主要なコーディネーターである。

三井

三井不動産、および「防衛庁プロジェクト」に派遣された同社の担当者たちを総称して、かりにこう呼ぶことにする。

ＫＫＡＡ

隈と、「防衛庁プロジェクト」を交替で担当する建築家たち（テッペイ、ユキ、ケンジ）の仮称。

CommArts

コミュニケーションアーツ株式会社のこと。このアメリカ企業は、ＫＫＡＡ設計の棟に隣接する商業棟の設計を担当する。両企業は、それぞれの担当する建物同士が隣接しているので、双方の代表者を介して繰り返し協議を行っている。その協議には三井も参加しており、また、デザインや建築における新技術や新素材の開発で知られる日建設計からも、コンストラクターやエンジニアが出席している。

タク

日系二世のアメリカ人デザイナー。「防衛庁プロジェクト」におけるCommArts側の代表者。その出自から考えると、プロジェクトが日本らしさを有するためには、彼はうってつけの協議相手である。

コンサルティングエンジニア

ＳＯＭから派遣されたアメリカ人であり、異なる建物間の技術的統合を保障する。

前章で考察した「木」というモチーフは、「日本建築」においてどのように展開されるのだろうか。本章の目的は、現代の日本建築の分野における、創造行為や建築生産と文化との間の緊張関係について調べることである。一方において、このテーマを創造のパラダイムで論じるならば、ある新しい建物は、唯一性や複製不可能性といった概念を通して意味を持ったものとなる。他方で、認識のパラダイムによるならば、その建物は文化的アイコンとして機能し、何かしらの日本らしさを表すことになる。後者のパラダイムのうちでは、さらに、アトリエで構想された新しい建物それぞれが、内部（国内の批評家やメディアなど）からだけでなく外部（海外の批評家）からも、本質的に「日本的」なものとして〈認知される〉。その建物はおそらく、「伝統」に起因する美しさや空間的印象を帯びる。それと同時に、創造性というパラダイムからは、建築の国際的趨勢の一部として、地理的な位置づけやいかなる文脈にも組み込まれないような行為によって生み出されたと語られるだろう。科学技術の社会学が解体しようとしているのは、まさしく、創造や革新に対するこうした空想的なヴィジョンである。この社会学の取組みは、実践が何によって成立するのか、実際に「見に行く」ことを促す（Callon, 1996）。

　ふたつのパラダイムのせめぎ合いは、日本建築の歴史を通して絶えず例示され、問題化されてきた。ヤン・ヌソムは、建築的創造行為とそれを取り巻くもの――〈環境〉[1]――との間の関係を探りながら、日本建築に関する理論的テクストのアンソロジーのなかで、以下のように指摘する。すなわち、日本建築における「普遍的概念」を強調しようとする場合、文化が必然的に日本の地理や伝統建築と結びつくと指摘することへの欲望が、つねにつきまとう。

磯崎新が扱った三つの「出来事」（伊勢神宮、東大寺、桂離宮）を通して日本建築史を追っていくと、同様の緊張関係が立証される。三つの建造物を（オブジェクトとしてではなく）出来事として見たときに、それぞれ互いに異なりながらも、それらの「変成が共通に目指していたものは……〝日本的なもの〟と呼びうるものの探索だった」と、磯崎は要約している（磯崎2003）。

ユキが私に、防衛庁に関する資料の説明をしてくれる。私たちは資料の見返しに素早く目を通す。A3サイズで綴じられたその資料には、プロジェクトの詳細や進捗状況が示されている。施主は三井、設計監修者はニューヨークのSOMで、SOMは〈マスタープラン〉を担当する。資料の一ページ目に掲載されているのは、六本木地区の航空写真と土地の裂け目だ。この土地は、何よりもまず地図から消去された部分であり、（ブラックホールというよりも）白紙のページである。二ページ目にあるのは、別の縮尺の地図だ。三ページ目には、SOMのデザインによる〈マスタープラン〉がある。A棟を担当するSOMは、「日本的な雰囲気」を与えるというアイデアを持っていたので、日本人建築家の起用を望んだ。彼らは「伝統的な表現」に着想を得たうえで、それらを現代的な尺度でアレンジすることを企図したのだった……。実際のところ、日本的と呼びうるものをどのようにして獲得するのだろうか。そのような地域性を持った物や出来事は、どのように生み出されるのだろうか。どのように建築家や施主やエンジニアは、そこに形を与え、使用する素材をコーディネートしながら、同時に文化にも形を与えるのか、考察してみよう。事業に参画する関係者たちはどのように、「素材同士を調和させる」

ことに努力しながら、どのように〈文化を調和させ〉、どのようにこのテーマへの理解を深め、素材——木やスチレンボード——を、今日《こんにち》何が日本的であるのかを再定義するための道具として使用しているのだろうか。

文化をプログラムする

日々の出来事を綴ってみよう。ある日の午後、「防衛庁プロジェクト」に関する資料の一部を受け取り、何枚かコピーを取ることにかこつけて、私は事務所を訪れる。テッペイはパソコンに向かい、ヘッドホンで音楽を聴いている。彼の後ろの、資料や注文書などが積み重ねられている物置部屋に、私は初めて気がつく。「そこは寝室だよ」と彼は言う。私はからかわれていると思ったが、違うようで、彼は冗談などまったく言っていなかった。アトリエには、少なくとも四つの寝袋があるのだ！　防衛庁の図面の再構成は、彼が黒い画面上で修正を加えているのを見ると、明らかに孤独な作業である。テッペイは、昨日の三井の担当者との打合わせで使用した図面を印刷し始める。続いて、原案の図面の印刷。彼は気の向くままに、プロジェクトの異なるフェーズのいくつかを手早くランダムに選び出し、「原案」、「A案」、「F案」、「G案」……と並べて見せてくれる。私はそのなかから、三つの断片を選び出す。テッペイが言うには、このプロジェクトは七か八のフェーズからなるそうだ。私はそれらの資料のコピーを取りに四階へ降りて行き、入口の机の前に座る。部屋の隅にあるコピー機のところへ行く間、事務所の建築家の一人（最年長のメンバーの一人）が、二人の来客に対応するため、その机を占領してしまった。机の上にあったファイルと私の鞄は、脇にどけられている。

コピー機に用紙を追加しようとしたとき、私は危うくふたつの模型を落としそうになる。コピー用紙のストックの上でかろうじてバランスを取っている模型だ。その場所はひどく窮屈で、まるで物がスケールアウトしているかのようで、どの書類も（しかもA3サイズの……）その狭い空間では必要以上に大きく見える。いろいろなものが絶えずひしめき合い、今にも崩れそうな、不安定な状態に置かれている。何もかもがいつでも紛失する寸前の状態だ（たとえば「防衛庁プロジェクト」の大きなバインダーのように。私はそのバインダーを九階の会議室に置き放しにしていて、数日前に見失ってしまったのだった……）。私は、ユキが机を離れ、部屋のちょうど真ん中に位置する喫煙コーナー（灰皿が机の上にひとつ、棚にもひとつ置いてある）に移動するところですれ違う。彼女は私に、研究の進み具合はどうかと尋ねてくる。テッペイ（私は彼に、金曜日の朝七時からの打合わせに参加してもよいか、聞いたところだ）と彼女は明らかに、私の振舞いに驚き、楽しんでいる様子だ……。

翌日の出来事を書き出してみる。私は午後、事務所を再度訪れ、テッペイから預った書類をようやく回収する！　その少し後、私はユキに、自分の災難について語る（不安の多い私の研究はまたしても笑いを誘う……）。重いバインダーに没頭しているところを彼女に見られ、私はこのプロジェクトで日本的なものが要求された経緯について、何か書かれた資料を探していたのだと説明する。それはきっと会話のなかでのみ述べられたことであり、要求のあった当初から、おそらくメールで周知されていることである。しかしより確実なことは、それが三井と

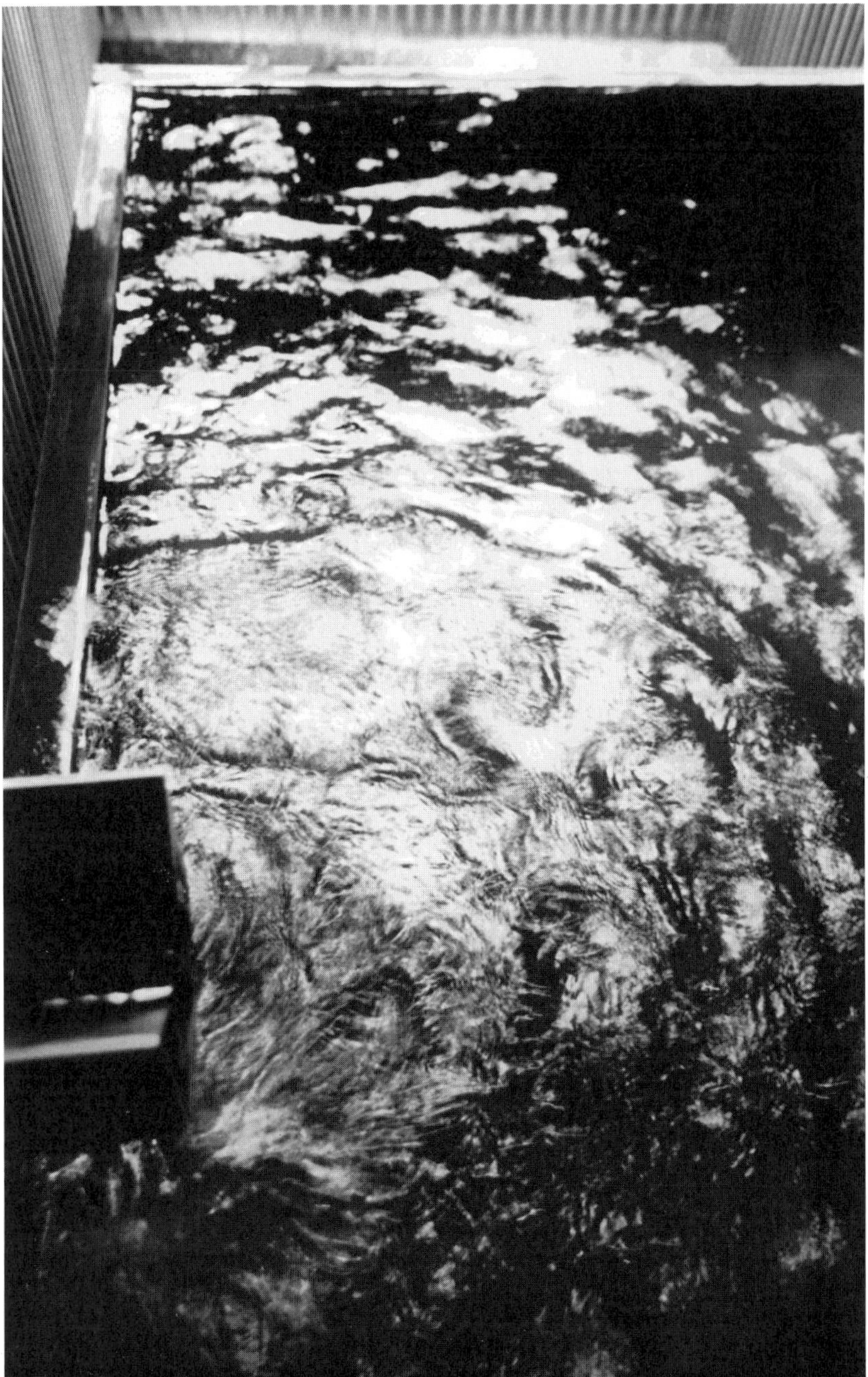

隈の最初の頃の打合わせで議論されたことであり、その後、隈から所員（彼女とテッペイ）に伝えられていることだ。

それらの資料は、事務所のなかで速やかに回され、保存され、どこに行ったかわからなくなり、再び発見される。そのことを思うと、私は途方に暮れてしまう。私は何に注目すればよいのだろうか？　どの順番で？　何に関心を向けるべきなのだろうか？　そしてこれら全体のどこに、文化を見出せるのか？　しかし、かなり早い段階で、私の心配は建築家たち自身によって引き継がれることになる。とにかく、彼らのうちの誰かによってである。文化についての疑問は、実際、私だけのものではない……。それ以来、事態は私にとって、より簡単なものとなる。文化とは何かを自分で定義し〈選別する〉よりもむしろ、私は建築家たちにこれを任せ、彼ら自身の錯綜した状況に導いてもらうことにする。

調和させるべきもの

ＫＫＡＡ、CommArts、三井が参加する打合わせ（ほぼ毎週開かれている）のなかで、「文化をどう扱うべきか？」という問題が提起される。「どのように文化を表現するのか？」、「どんな役割を文化に与えるのか？」、「文化とどう協調していくのか？」という問いが立てられている。文化とは、数ある検討事項のなかでもまず第一に、素材のようなものであり、使用可能なリソースである。唯一の問いはつねに、ある意味では、使用法についての問いである。この議論はアメリカのチームCommArtsの存在により、意義深いものとなる。と言うのも、彼らは自分たちの提案を正当化せねばならず、文化を動員することによってその正当化を行うことにしているからだ。デザインの過程で、Comm Artsは、「日本の伝統」に由来する多くの事項を参照している。彼らの呼び方や参照の仕方にはやや不明確なものもあるが、反対に非常に正確なものもある。具体的には、商業空間の構造、「伝統的なテクスチャー」、「瞑想」あるいは「静けさ」、「禅の庭」、「生け花」、「空間の曖昧さ」、「和」（ハーモニー）の質、「日本的感性」、竹と木、着物のベルト（帯）、日本の紙（和紙）、「テクノロジー」（デジタル技術）である。どのような操作によって、これらの参照項はプロジェクトに関連づけられうるのだろうか。

週ごとの定例会議の場で、Comm Artsは三井が企画した旅行に言及する。伊勢神宮の非常に有名な木造建築を訪れた旅行である。[2] 私たちが資料に没頭している間に、アメリカ側のタクが、何枚かの写真を載せたシートをＯＨＰに置き、それらの写真を一枚一枚拡大しながらスクリーンに映す。プラン上で、私たちは広場とアーケードの間の区画について議論する──あるいは、そこに〈身を置いてみる〉。伊勢への旅行に言及するタクは、旅の案内役を務めた三井が「彼らに見せた」ものについて話す。「これらの写真は、既存の商店街のちょっとした再現です。オブジェクトの連なりで構成されている写真です」。これらの一連のオブジェクトはひとまとめにされることで、非常に明解な「細分化された空間の類型」をつくりだしている。これらの類型は互いに識別が容易なので、ある任意の通りをはっきり特徴づけるのに役立つ。彼のロジックは以下のように続く。類似したオブジェクトの構成を使うことで、「商業地区の伝統的な感覚を、訪問者にもたらします」。「これは、ホールとアーケードの間の空間に、類似した場所をつくるというアイデアです」。「経営者たちは、互いに独立することになります。それぞれの店や看板が箱として組み立てられるという意味においてです。これは空間をオープンにし、アクティヴィティの小さなパッケージをつくり出すというアイデアです」。CommArtsが明らかにするところでは、ここでの問題は、伝統的な商店街を「再現する」というよりもむしろ、「日本らしさの翻訳」を行うということである。日本らしさの翻訳、〈変換〉という操作は、伊勢の商店街で撮影された写真から、「箱」を示すモンタージュ写真に移る、その過程そのものに見ることができる。この操作こそが、「実にユニークな販売環境」をもたらすのだ。同様のロジックにしたがって、「休憩スペースを非常に居心地がよい場所にするために」、エスカレーターの高さまで伸びる竹の植込みが設置される予定だ。ここに使用される石は、（その不揃いな美しさから）仏教の墓地、禅の庭で見かけるような石を想起させるが、「安息や瞑想のための空間のモデル」を創出するものとして作用している。大きなガラスの壁に投影される花のコンポジションは、流れる時間や浮遊する世界（浮き世、もののあはれ）、自然の変化といった、よく知られた「日本的感性」の雰囲気をもたらす。

施主が別に企画した、ホテル花水木（名古屋の近くに位置する評判のよい高級ホテルで、ちょうど改修されたばかりだ）への旅行に言及しながら、タクは彼らが担当物件をどのように構想したのか、特にアーケードの「性格」や「趣き」をどのように生み出したのかを説明する。それは、「日本的性格を十分に含んではいるが、日本文化を複製するのではない何かをつくる」ことを試みながらの構想だった。「私たちはホテル花水木に大変感銘を受けましたが、結局あの建物ではひとつのことしかなされていません。つまり、それがホテルであり、日本文化の参照が非常に直接的なもので、〈和〉を指向しているということです。しかし、もし私たちがホテル花水木を再現すれば、プロジェクトは失敗に終わるでしょう。商業空間には活気がないといけません。また、このプロジェクトを内部空間と見なすか、外部空間と見なすか、決めるのは非常に難しいことです。（同じく私たちが訪れたことがあるような最近のショッピングセンターでは）内部空間の部分もあり、外部空間となっている部分もあります。この中間領域的な感覚を私たちは表現したいのです。私たちのプロジェクトは非常に都市的ですし、その規模からも一種の非常に都市的な距離感がもたらされます。もし〈和〉（ハーモニー）を保とうとすれば、このプロジェクトが旧来型の商店街に似通ってしまう恐れがあります。だから、私たちはできるだけそれを避けようとしました。しかし同時に、日本的感性は尊重しようと心がけました。ホテル花水木を私たちが訪れた後の一番重要な変化は、案内標識のデザインにおいて見られました。私たちのものはもっと大胆であるべきです。その表現や性格は、日本文化に対する〈応答〉をしなければなりません。アーケードはあまり建築的なものを指向するべきではありませんが、しかし同時にプロジェクトのなかでほんとうにユニークな空間となります」。結果としてCommArtsが選ぶのは、「空間を曖昧なままにしておく」ことである。と言うのも、「私たちの考えでは、日本らしい空間の基本的性格は、季節の移り変わりや一日のなかでの時間変化にしたがって、内部にもなり外部にもなること」だからだ。彼は同時に、「空間のホスピタリティ」を考慮することも促す。それゆえここでは、「曖昧さの精神」とホスピタリティ、すなわちこの種の公共空間にふさわしい過ごし方とをどのように結びつけるのかという点が問題となる。言い換えれば、〈和〉の雰囲気だけで満足してしまうと、日本らしさを得ることはできるだろうが、この規模の公共空間に期待される質は伴わない。また、もしプロジェクトが「建築的な参照」によって成立するならば、それは他のショッピングアーケードと変わらないものになってしまうし、いかなる特異性も備わらないだろう。この一連のプロセスにおいて、建築家たちはさまざまな参照をすることで、「取入れ可能なもの」と「放棄するべきもの」を明確にして、磯崎新が述べた「〝日本的なもの〟と呼びうる」ものを、正確につくり出すことができるのである(磯崎 2003)。

この段階で素材が議論の対象となり、全体的にかなりの数ある制約にいかに適合させるかが検討される。選択肢としてあるもののなかから、CommArtsは木、カーペット、石、竹を用いる。しかし施主にとって、いくつかの選択肢にはコスト的な問題がある。「どの素材が使用できてどれが使用できないのか、判断基準を決めなければいけません」。《六本木ヒルズ》のプロジェクトと比較しながら、施主はどのような素材が《森タワー》に使用されたのか、そのコストはどの程度のものだったのかを確認するよう促す。また、「素材について議論する際は、その都度、メンテナンスの仕方を問う必要がある」という基本的な原則に施主は立ち返る。これらの素材は、CommArtsのチームが重要視したような、内部空間と外部空間の曖昧さという基本的なコンセプトを強化するために選択されたのだ。しかし、施主は最後にこう述べる。「結局、私にとっては、利用客が快適かどうかが一番重要なことです」。CommArtsは素材の選択の正当性を主張すべく、《森タワー》と「防衛庁プロジェクト」の比較を続ける。場所の雰囲気は、《六本木ヒルズ》に比べて（音響的な意味でも）「よりおだやか」でなければならない。「《六本木ヒルズ》は非常に刺激的なプロジェクトです。活気にあふれていて、刺激の強い派手な音に満ちています。一歩そこに立ち入れば、その活気が感じられます。まるで自分がファッションショーの舞台にいて、注目を浴びているような感覚です。今度のプロジェクトはこれとは違い、もっと閉鎖的だと私は思います。音響的な観点から、利用客に配慮しなければなりません。もっと静かな空間でないといけないのです。カーペットはその点で優れた素材なのです」。施主とアメリカチームによるこの交渉の場で、カーペットとその特性が強調される。つまり、静けさを創出し音を和らげ、派手さや刺激を緩和する能力を持つという特性である。カーペットは、三井がこのプロジェクトで想定する利用客を尊重することができ、最終的にあまりに近くにあるライバルとの間に決定的な差異化を図れる。しかし、CommArtsだけが関わっているわけではないので、その他のチームとの交渉が続行されることとなる。

CommArts「六本木についてひとつ指摘しておきたいのは、座る場所が非常に少ないということです。私たちとしては、利用客がリラックスして居心地よく座れるような場所を想定しておきたいと考えています」

ＫＫＡＡ「隈は光る椅子のことを気にしています。明るすぎて座ることをためらうのではないか、と。それが座るところだとわからないかもしれません！　背もたれをつければ用途をより簡単に示せるかもしれませんが（……）、隈は素材を統一するとよいだろうとも考えています。木の椅子のほうがよいのではないでしょうか？」

CommArts「私は椅子はガラスだと考えていました。まさにその木が多すぎると思ったからなんです！　……もうひとつ、隈さんに提案があります。〈和紙〉を薄く重ね合わせたガラスのキューブでつくるというのはいかがですか？」

この対話における日本らしさの探求は、多かれ少なかれ互いに交換可能な素材を、総覧していく作業といった形で表れている。「〈和紙〉を薄く重ね合わせたガラスのキューブでつくる」ことがCommArtsにとって、日本やその独特の時間・空間への態度を〈表象〉したり代弁したりする点において、木を用いるのと同じぐらいよい選択であることがここで明らかになる。CommArtsによれば、これらのキューブは木と同じテーマ（自然なテクスチャー、調和の取れたクオリティ、曖昧さ、儚さ……）を喚起しつつ、和紙とガラスの重ね合わせという目新しく画期的な組合わせを提示できるという点で、最良の選択肢でさえある。これらのキューブは、「日本的感性を反映」しうる〈と同時に〉「この文化のきわめて現代的な解釈」を提示することも可能なのだ。この考え方にしたがうと、CommArtsが調度品リストのなかに挙げている、〈帯〉をモチーフにしたデジタルプロジェクションをするための、壁面のスクリーンや天井も同類であることがわかる。

CommArts「テクノロジーも私のなかでは、非常に日本的なものです。……理由は明らかでしょう！　それは『和』との間に、美しいコントラストを生むはずです」

三井「（少し冗談めかして）では侍や芸者のイメージはどうでしょうか?!」

このエピソードは単なる逸話ではない。今回の場合は、置換えや同等性は機能せず、〈帯〉のモチーフがデジタル化されたとしても、それがメッセージの伝達役になるということを日本の施主に納得させることはできないだろう。その証拠に、伝統的な織物のモチーフの代わりに、侍や芸者のイメージを用いてみるとよい。うまくいっても、愉快なパロディにしかならないだろう……。CommArtsは度を越してしまったのだ。この最後の提案などは、もはや〈翻訳〉ではない。まさしくレプリカであり、ぱっとしない発明である。

施主からの日本らしさというリクエストに応えようとするCommArtsの奮闘は、最終的に文化的プログラムを模倣や複製の行為に帰着せずに再定義するような筋道をたどる。すなわち、一．翻訳、二．コンテンツ（伝統的なテクスチャー、日本らしさ）、三．複数のものの関係（たとえば、調和や寛容さ）、四．（日本文化への）応答。すべて、日本文化を〈増幅〉し〈昂進させる〉と想定された操作である。

ここで、全体会議をもっと詳細に見てみよう。この打合わせは、建築家やエンジニアや施主が、相当数の事物を調整するための体制を検証する機会となる。彼らは連携のシナリオを描き、またそうすることでそれぞれの役割を繰り返し明示するのだ。

打合わせ

前章で仕上がっていく過程を追ったような一つひとつの〈メディア〉（コンセプトボード、パース、模型）は、設計者が考える際の主要な素材となっているが、それらは同時に、随時プロジェクトの経過を追い、その要素について判断を下す施主やコンストラクターに提示されるよう準備されるものでもある。それゆえ、これは〈提示《モンストラシオン》〉（建物を紙媒体に出現させて見せること）の装置であり、また〈演示《デモンストラシオン》〉（それが計画の要求要素に合致することを示すこと）の装置でもある。六月、二日間にわたって〝全体会議〟が招集され、プロジェクトに関わるすべての建築家チームが三井不動産本社に集結する。施主（三井）、エンジニア（日建設計）、マスターアーキテクト（ニューヨークのＳＯＭ）、そして、日本からの三組（青木淳建築計画事務所、坂倉建築研究所、隈研吾建築都市設計事務所）とアメリカからのひと組（CommArts）からなる計四組の設計者である。「デザインのフェーズ」は終わりに近づいていて、「建設に向けてすべてを明確にすること」が本題となる。この打合わせの重要性は誰もが認めるところである。と言うのは、その目的が「すべてを決定すること」であり、建設のフェーズに移行するためにデザインを終えることだからだ。ＳＯＭによれば、これは「プロジェクトの整合性と統一性」を検証し、「プロジェクトを全体として考え始める」瞬間である。

　朝早く来た設計者たちは、Ａ３サイズの図面やパースを壁に張り出す。机の上には素材のサンプルを並べている。彼らはそのスペース全体を使って、また、壁を使ってプロジェクトのさまざまな断片を一連の流れとして読めるようにし、部屋のレイアウトを施す。こうして一本の

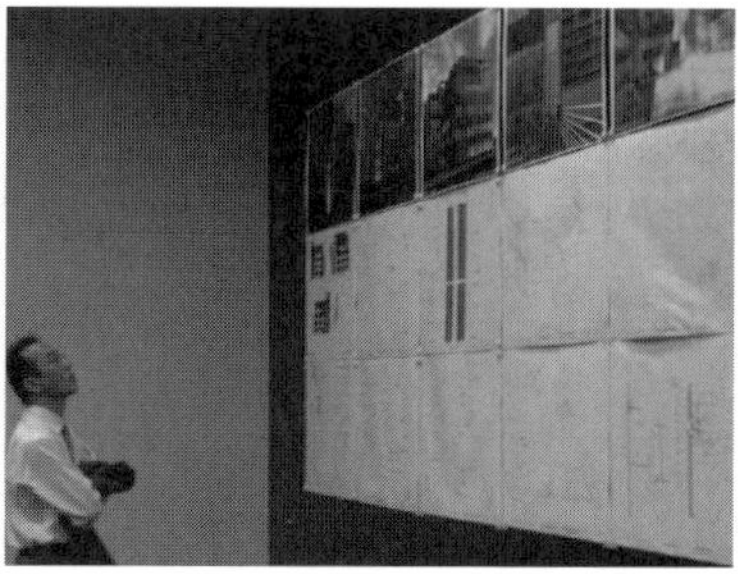

筋道を生み出していくのだ。打合わせスペースの中央には机が四角く並べられ、それぞれが模型を持ち寄って、連結することに専念している。この作業のために、それぞれが手にカッターを持ち、微調整をしながらスチレンボードを薄く切り取り、隣りの模型のスチレンボードに合わせていく。模型は、このとき初めて一体となる。「建物を一挙に並べてみると、面白いですね」と誰かが言う。組立てが終わると、彼らはいっせいに周囲を回り、敷地を確認し、写真を撮る。テッペイは私のカメラを使って、自分たちの模型と［CommArts］の模型が並ぶことによる〈効果を測っている〉。初めての照合作業を撮影した私の写真には、一体となった模型が形づくる空間を注意深く観察する建築家たちが捉えられている。彼らは、かりにレイアウトされた模型の上に据えられた〈天上の一点〉、あるいは〈神の視点〉からそれらを眺め、空間的性質や美しさを確認し、評価している。自らがつくり一体となった模型を建築家たちが撮影した写真は、かなりの至近距離から模型の全体を捉えている。撮影対象をあらゆる文脈から解放し、そうして現実感を与えると同時に、模型のスケールではないように見せている。

マスターアーキテクトであるSOMからの代表者ができあがったものを祝福し、打合わせの幕が上がる。SOMは冒頭でこう述べる。「設計者それぞれが独自のアイデアを持っていること、それを私たちは望んでいます」。その意図は、マスターアーキテクトの視点から見て、それぞれのデザイナーに自由な領域を残し、それによって「多様なデザイン哲学」の余地を残しつつ、それでもなお相互に対立しない「調和ある」ひとつの全体性を目指すことにある。その全体性は《森タワー》や、その「国際建築展」の様相とは異なるようなものである。建築作品一つひとつの特異性を維持しつつも、調和の取れた全体性を生むという賭けであったが、SOMには喜ばしい結果が集められた。すなわち、「建築的ヴォキャブラリー」は「ユニーク」（《森タワー》が示したそれとは異なる）でありながら、「首尾一貫した」（別々の創造性がもたらす影響をうまくぼかしている）ものとなっている。その点において、隣接した隈と青木の建築は、そのデザインが徹底して異なっていて「互いに無関係」のように感じられるが、「対照的」ではなく「協調した」デザインになっている。あまりにも際立ったコントラストがそのまま維持されてしまうとしても、時間が作用して古びた味わいが生じることをSOMは期待している。「きっと時間の経過とともに、これらの建物はますます互いに似通ってくるでしょう。たとえば、ルーバーの木材が使用とともに色味を変化させれば、全体の色合いが変わってくるでしょう」。

この調子のよい発言の内容とは無関係に、そして予期せざる祝福を真に受ける以前に、この打合わせのそもそもの目的は、今回初めて明確な形で表現された、プロジェクトの全体配置をテストすることにある。今や相互調整のときである。各チームの作業の調整、視覚的メディアや模型の調整、素材の調整。今やまとめ上げるときである。プロジェクト全体の要件が検証され、その有効性が認められなければならないし、全体を構成する各部分をきちんと整理して把握しないといけない。打合わせの進行にしたがって、模型からパース、素材のサンプルへと検討の対象が次々と移りながら調整作業が続く。たとえば坂倉は、彼らが提出した資料への批判に応じる形で、「自分たちの理念を表現」できていないことを詫び、模型とドローイングを再考すると明言する。彼らが特に注意するのは、「パースではまだまだ木が多すぎるように見え、模型が現実により近い」ということだ。

CommArts「模型を見ると、たしかにあなたが話したような簡素な美しさはより明らかです。私が見ている場所の問題かもしれません。しかしほら……パースと比較してみると……」

SOM「そうですね。詳細図とパースは……、普通ならドローイングはディテールをはっきりさせるものです。（詳細図からドローイングへと指を動かしながら）でもこのドローイングでは、ここにあるものと齟齬があります。ドローイングの色使いは何の効果も発揮していません。こちらは趣旨や建築的要素の理解に努めますが、そちらではドローイングの改善をお願いします。たとえば、ある階やあるスケールにおいて、ドローイングは繰り返している印象を与えますし、それは明らかに意図されたもののようには見えません」

ここで問題になっているのは、デザインそのもの（建築的な選択）ではなく、その表現手法（どう形に表すかという選択）である。言い換えれば、坂倉に求められているのは……見せ方の再検討だ。しかしこの問題は、この打合わせの場で検討する価値がある。「膝を突き合わせて、よく考えないといけませんね」とSOMがまとめる。すなわち、私たちの目の前にあるパーツの全体について検討し、互いにうまくはまらず刃を入れる必要のある模型を探し、パースが抱えているらしい不自然な曖昧さを検討し、色やテクスチャーを調整するべく素材の再検討を行うことである。

しかし建築家たちは、前章で見たように、寄せ集めた事物の〈見せ方〉がいかに重要であるかを十分に理解しているし、フレーミングの効果、色の配置、模型の正確さを拠りどころとしている。打合わせの際、彼らはテンポラリーな展覧会の理屈で考える。建築家たちは舞台美術のような意識を持っていて、施主がプロジェクトに賛同してくれるかどうかは、実際のところ、プレゼンテーション次第だということを知っているのだ。それにもかかわらず、提示された資料を介した議論の場で、プロジェクトの表現とプロジェクトそのものの間に見られるあらゆる曖昧さ――私たちはそれを利用したりそれに翻弄されたりする――が露呈する。この曖昧さは、視覚的・形態的な資料が必ずしもそこに並べられた物へ還元されえず、それらの価値が〈提示〉の能力のみに依拠するものではないということに起因する。この日、壁に掛けられた図面は必要に応じて取り外され、模型群は切り離され、素材は蛍光灯の下で仔細に検討される。それぞれの資料は説明や解説が加えられつつ、それ固有の質が評価されるだけでなく、これからつくられる建物を〈映し出す〉能力も評価される。パースの色使いや模型のプロポーションに関する指摘はその都度、表現自体、およびプロジェクトそのものに関わるものである。建築家たちはそこで試行されている表現手段の選択を見て、それに対する反応として、先ほどの坂倉のような逆説的なレトリックを用いる。すなわち、「あなた方を納得させられるよう、イメージを修正します。ドローイングや模型もつくりなおします。なぜなら、それが私たちが自由に扱えるもののすべて——それだけが私たちの素材——だからです」と言い、それと同時に「紙面〈に含まれる〉のがすべてではありません。画像には建物が含まれず、ドローイングに用いられる色はドローイングの色にすぎません。不調和な部分はヴィジュアルの瑕疵であり、それがここで表象するものの欠陥ではありません」と言うのだ。そして多くの場合、表現とプロジェクトのいずれが問題なのか、もはやわからなくなる。同様にして、一人のエンジニアがＫＫＡＡから提出された資料にコメントする。「プロポーションは平面図で見るよりも模型で見たほうが美しいですね！　それだけ木があると、色使いがあまりに単調になりすぎはしませんか？」

隈のスタッフは、根拠なく木を擁護しているわけではない。木は隈のデザインする建物だけでなく、プロジェクトの他の建物においても、全面的な優位性が認められていることで採用されたのだ。木は、テッペイが繰り返すには、プロジェクトを全体のスケールで見た場合に「全体的なコンセプトと整合性を持つ」ものであり、また「予算の観点から見ても都合のよい」素材である。しかしここでは、その表現が「単調」になるというリスクが示しているように、

「木と水に満ちあふれた」というコンセプチュアルな提案の原動力をなしていたものが、デザイン自体の弱点とされているのだ。

設計者たちそれぞれのデザインが施主の手厳しい眼差しと対峙しているが、彼らが順番にプレゼンテーションを行った場に加えて、個別の打合わせがいくつか行われる。建築家は、技術的な制約の下に各提案を精査する任務を負うエンジニアと、別途集まる。KKAとエンジニア、コンストラクターによる打合わせでは、隈のルーバーが再び厳しく検証される。この打合わせが浮彫りにするのは、言い換えれば木という素材の多様性の問題であり、それを均質化することの難しさである。たとえ建築家たちが、いつもさまざまな視覚的メディアがもたらす効果を利用して、繊細で変化に富んだものとしてこの素材を表現していたとしても、それをただひとつの状態に置くことの難しさである。ここで、率直な疑問が生じる。〈結局、私たちはどの木について話しているのか?〉

実際のところ、「ルーバー」(ファサードに設けられる)、「キャノピー」(最上階に設けられる)、「壁」(の角の部分)、「床」、「天井」において、「木」というコンセプトが却下された場合に事態はとりわけ複雑になる。デザインの観点から見れば、木はあくまでも木であり、さらに参照も容易なある美学に呼応する。すなわち、「〈木の文化〉」である日本文化、移ろいゆく日本建築、大工の伝統を持つ建築家などである。しかし、エンジニアリングの視点からディテールに立ち返ると、木は複雑化し、不透明で曖昧なものとなる。ふたつのファサードの接点で、ふたつの異なるシステムがつなぎ合わされる部分において、この問題は特に際立つ。一方は外壁面と木の

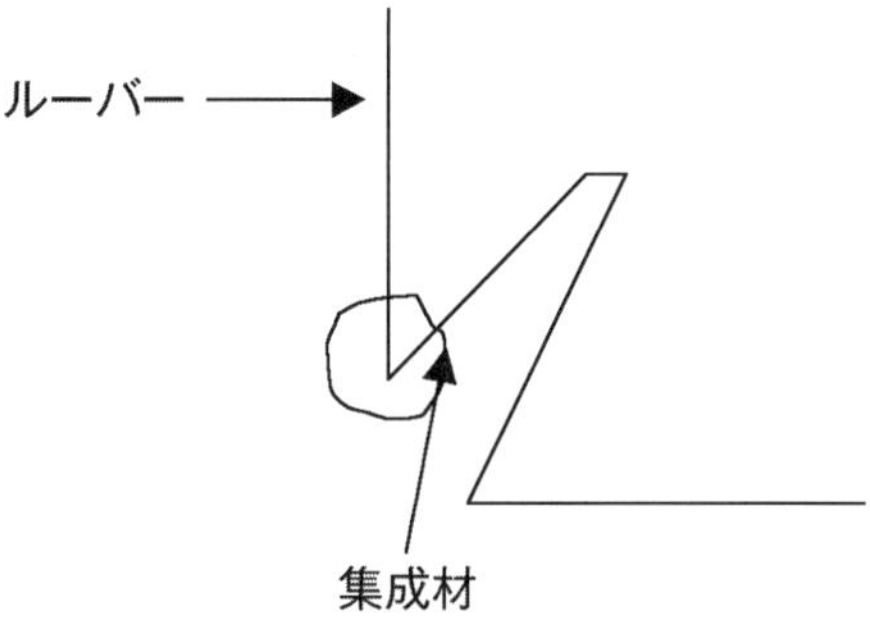

ルーバー、もう一方は集成材でできた壁の角の部分である。

テッペイはエンジニアに向けて、議論の対象となった図上でふたつの壁面からなる角の部分に丸く印をつける。私はそれを自分のノートに描き写す。

コンサルティングエンジニア「私は少し疑っています。それがうまくいくかどうか、確信を持てません。ここ（集成材でできたファサードの木の面）でカビの問題が生じるだろうと思います。木を薄く貼り付けるのは難しいです」

隈「あなたがおっしゃったように《資生堂ビル》[3]を訪れてみましたが、大きなパネルはまさしく木製ですよ」[4]

エンジニア「あれは薄いベニヤ板です。普通のガラス／わずかな隙間／木／そして上からの補強［木の上に重ね合わされた板ガラス］、これらの組合わせです」

コンストラクター「私は本物の木を用いることが重要だとは思いません。どんな色使いもありえますし、それが木ではなく木とプラスチックの合板でも、わかる人はいません。安価ですし、見た目から言っても、両者を区別することはできません」
隈「……でも、建築家にとっては哲学的問題なんです！」

おかしな転倒だが、コンストラクターは模型の制作における木の棒の扱いのように、本物の木を加工することを促している。言い換えれば、彼が勧めているのは建物自体をひとつのレトリックとして扱うことだ。そのレトリックにおいては、木そのものより〈木というイデア〉が重要で、意味のあることである。

実際の建物について考えると、重要なことは表現の——そして人々の受け取り方の——レベルである。テッペイにとってはその反対で、私たちはもはや表現の次元にも空間のレイアウトの次元にもおらず、素材との関わりが必要なリアルな世界にいる。デザインや哲学的議論の正当性さえもが、すべて木そのものの妥協なき使用にかかっている。実際のところ隈は、「〝自然素材の価値を高める〟ことができると誇る」ものの、その建築作品が「コンクリートの建物のサーフェイスに木を貼り付けた」ものでしかないような建築家と自分は違うのだと、自負している。彼が「陳腐な」と形容するこのテクニックは、コンピュータグラフィックスで「テクスチャーをマッピングする」テクニックと同じ次元のものである（隈 2002. 11）。隈が言っているのは要するに、表現の一部として用いられているのと同じ方法をリアルな世界に応用しようとすると、判断を誤るということだ。デジタル空間上の一部分に木のテクスチャーを与えることや、グレーの木の棒でスチール製の柱を表すことと、リアルな空間でプラスチックを木に見せることとは別のことだ。交渉は続く。

コンストラクター「いずれにせよ、平らな部分や直線にはラミネート加工が必要です」

隈「それは透明でないといけません……」

エンジニア「でも木は……不透明ですよ！」

コンストラクター「あるいは、紙と呼ぶべきでしょうか？　ものすごく薄くした木という意味で……。これをできるのは日本人だけです。ただ、大量の木を失います。ほぼ九〇パーセントの部分が無駄になります。こうなるとプラスチックとともにラミネート加工する方法がうまくいかないでしょう。ある程度の厚みを要するからです。どのようなタイプの木を考えていますか。種類は？」

隈「うーん、……〈杉〉ですかね」

コンストラクター「〈柾目〉ですか？〈板目〉ですか？」

隈「板目です。でも木の種類についてはまだ決定していません。自然な色合いについては……、ルーバーでは色味を揃えるつもりです。〈突き板〉もありえます」

コンストラクター「〈突き板〉なら、やりやすいですね」

この段階であらゆることが検討の対象となる。木の種類、木取り、色。木のディテールに立ち入ることは、間違いなく日本人に関する問題である。日本人は、アメリカ人エンジニアと比較すると、さまざまな加工技術（紙と見分けがつかないほどに薄く木を加工する技術）や、特有の専門用語を使いこなしている。こうした技術や用語は、日本人の職人や指物師が熟達しているようなカッティングの技術に由来する。[5] 木が「不透明」だと思っているアメリカ人エンジニアの目から見れば矛盾しているように思われることを、これらは十分に解決してくれる。この文化のレトリックは、技術的議論においても読み取られる。私たちの職人は、木材を加工して、素朴な特性を乗り越え透明にする手段を持っている、と言うのである。したがって、自然の木をなんとしても守ろうとすることは、この素材の「復権」という、より壮大な企図の一部である。木材は、伝統的な日本建築を特徴づけるものであり、「現代日本の建設産業から姿を消してしまった」素材なのだ（隈 2005b. 39）。ここで合意に達する。あらゆる要求条件に適合する適切な素材は〈突き板〉、すなわち、端材から形成される加工材だ。そして、木のテクスチャーを模倣したプラスチックとは対照的に、この木は人工的〈だが〉自然であり、「哲学的問題」に抵触しないようだ……。

「コンテクストは臭う」とレム・コールハースは言った。しかし「それはただ、あまりに長い間同じ状況にあり続けて腐ったために、悪臭を放っているのだ。（構想中の）建物がそうであるのと同様に、コンテクストもまた前進し移ろうものだと私たちが認識することができるのであれば、それほどの悪臭を発することはない」と、ブルーノ・ラトゥールとアルベナ・ヤネヴァは応答している（2008）。文化は当然、「コンテクスト」の一部となりうる。しかし、文化が日々プロジェクトに介入しうごめく様態を観察することは、コールハースがコンテクストについて語るなかでその宿命であると述べた死後硬直から文化を守る。ここに垣間見えるのは、行為の際限なき調整であり、またこれと平行して、人間と非-人間の諸能力を隔てることなく、絶えず再分配していくことである。おそらく、今回の全体討議のときにきわめて重要だったことは、繰り返し繰り返し問うことだった。なぜ彼らが何日にもわたって、素材や模型やあらゆる種類のドローイングとともに招集されたのか。また特に、なぜ近しいところからの思いがけない不意打ちに、彼らが皆直面しなければならなかったのか……。打合わせを見ていると、その行為（「プロジェクトの一貫性や統一性」を検討し、「全体として考え始める」こと）の無謀さは、ますます大きなものであるように思えた。プロジェクトに関わったさまざまな建築事務所には、それと同じ数だけの「建築哲学」がそれぞれの背後にあり、素材の好みや多様な利用方法があり、そしてそれらをすべて視覚化するやり方がある。その実践がいかに過酷であろうとも、それが非常に生産的であることは認めざるをえない――いずれにせよ、人類学者の視点からはそう見える。事実、数々の実務的相違点（素材、視覚的装置、照明、さらには文化を含めて……）を検討することを可能にしたのだ。「ひとつの問題点としてではなく」、マスターアーキテクトのうまい表現の通り、「単なる調整の問題」として取り扱うということだ。（本質的で決断に関わるものであるがゆえの）相違点という――克服しがたい――問題について、交渉可能な言葉で語ることを促してくれるという点で、この言葉は本質的である。政治的かけ引きを調整可能な諸要素のマトリックスとして再定義しつつ、この打合わせの主役は実際には文化や日本らしさを固定化し対象化するのではなく、それらを試行していたのだ。差異の問題を調整の問題に置き換えながら、彼らは「プログラムとしての文化」という問題を素材の調整の問題に置き換えているのだ。木の使用に同意し、それが化学物質によって劣化しないかどうかを確かめること、それは環境と日本人のひとつの関係、自然に対するひとつの感受性、そしてひとつの日本らしさへの合意なのだ。

1　ここでは、オギュスタン・ベルクが哲学者和辻哲郎（一八八九～一九六〇）の言説にならって定義するような意味である。

2　伊勢神宮と、それが二〇年ごとに造替、遷宮されるしきたりは、磯崎の言い回しによれば、日本建築史上の「出来事」のひとつだ。

3　銀座の高級感が漂うエリアに建つ「〈赤いビル〉」のこと。建物を覆うレンガ色の大きなパネルは、その足元が大きなガラス板で保護されている。パネルとガラス板の間には、スチール製の円板のようなものでわずかな隙間が設けられている。「防衛庁プロジェクトでは木をコーティングするというよりも、これと同じことができるでしょうね」。ここを訪問した際に、思索にふけっていたテッペイがそう結論づけていた。

4　この問答が示唆しているのは、これまたありふれた自己言及の第二のタイプである。建築家たちは仲間のつくった作品を訪れ、構造詳細をチェックしたり素材の選択についてコメントしたりする。

5　〈柾目挽き〉とは、丸太を半径の方向に切ること（「四分挽き」とも呼ぶ）で、「簡素な」とか「真っ直ぐな」などと形容される木目模様が得られる。〈板目挽き〉とは、丸太を年輪の接線方向に切ること（「平挽き」とも呼ぶ）で、「躍動的な」あるいは「曲がりくねった」などと形容される木目模様が得られる（Mertz, 2004. 193）。

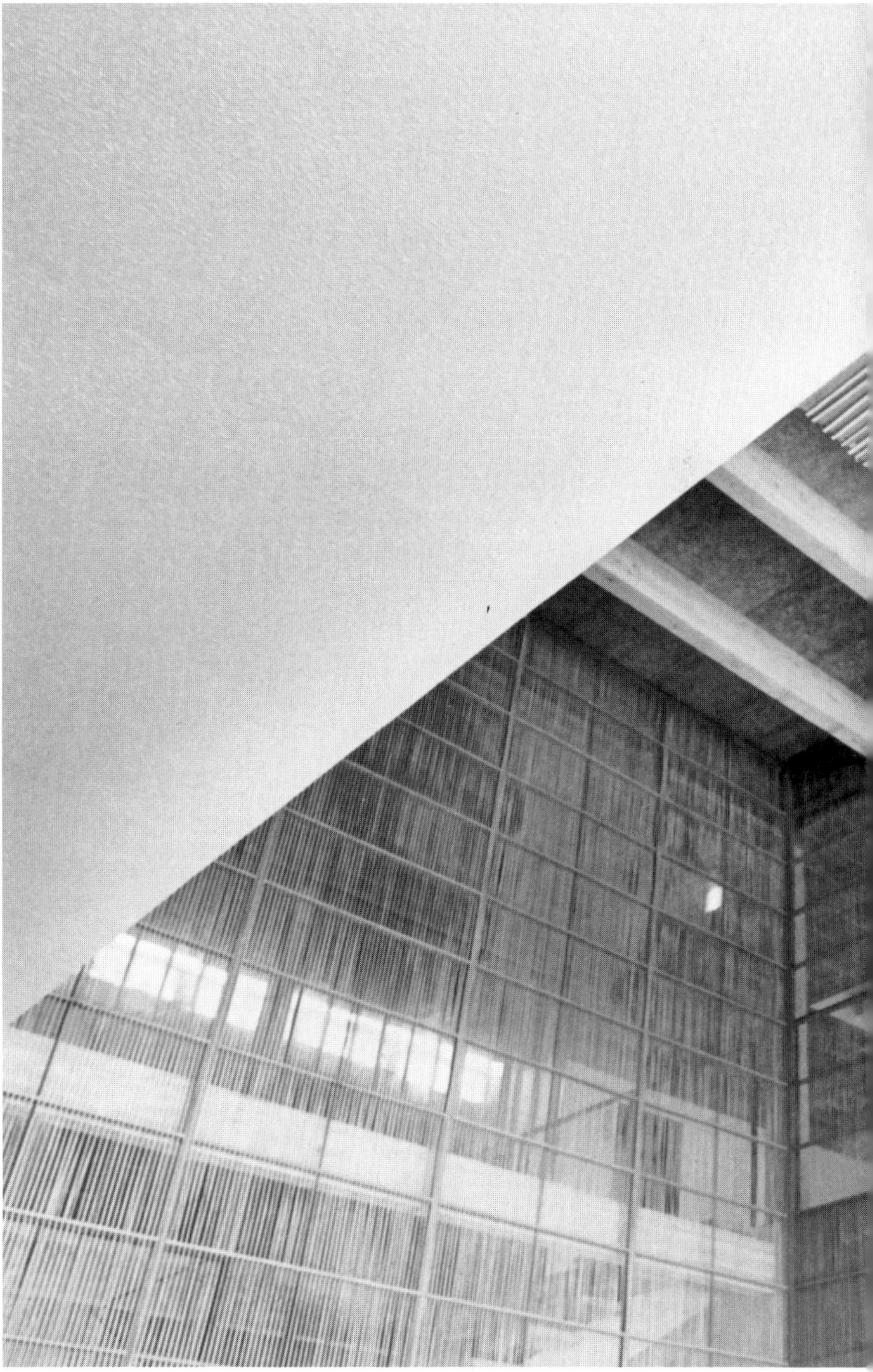

消去のプラグマティクス

場所

第一景

フランス、パリ10区。隈&アソシエイツ・ヨーロッパ（KAE）は、まだ開設されたばかりである。高い天井、モールディング、きしむ寄木張りの床、この新しい事務所が入るアパルトマンは、オスマン様式の建物のなかにあり、日本的な雰囲気の場所はどこにもない。大きな部屋と小さな部屋のふたつの部屋が来客を迎え、会議や共同作業を行う空間となっている。通常、代表者は最初の部屋に通される。三つ目のとても広くて風通しのよい部屋では、大きな白い台ごとに作業が行われ、国際色豊かな若者のチームが、隈のヨーロッパにおける建築を担当し進めている。入口から一番近いテーブルで作業しているひとりの建築家は、つい先日までドン・ペリニョンのプロジェクトに携わっていた。中央付近のふたつのテーブルでは、ブザンソンの文化センターのプロジェクトを進めるふたりの建築家が、背中を向かい合わせて座っている。次のふたつのテーブルにはマルセイユのＦＲＡＣ（現代美術地域基金）のプロジェクトを進める建築家らがおり、さらに奥には指示と調整を行う人のテーブルがある。それぞれの台には大きなコンピュータが設置されている。事務所にはさらにもうふたつ部屋があり、そこは特に決まったプロジェクトのための空間ではなく、模型作業のための部屋となっていて、たとえばユキがパリに来たときにはそこに入る。研修生《スタジエール》のための部屋である。

第二景

マルセイユ。駅の出口にある、プロヴァンス＝アルプ＝コート・ダジュール地域圏施設整備地域事務所の屋根の下にある大きな部屋のなか。

登場人物

ニコラ・モロー

ＫＡＥの指揮をとる若い建築家。ニコラは最初、私自身もそれ以前に滞在していた東京事務所で働いていた。増え続けるヨーロッパでの仕事を円滑に運ぶため、ちょうどフランス事務所の設置を検討していたとき、彼は事務所を始動させ指揮することを命じられた。

ルイーズ

パリで雇われ、東京の事務所で経験を積んだ若い建築家。マルセイユのプロジェクトを担当している。その足りない部分を助けているのは、次の人物らである……。

フェリシアン

新しく雇われた若い建築家。

ロドリゴ

ブラジルから来た研修生。《ＦＲＡＣマルセイユ》のファサードのための模型やパースを担当。

ヴィクトール

同じく研修生。多くの図面や３Ｄモデルを作成。個人的な好みがとても強い。

「すべてはここから始まった……」。本書の最終章にたどりついたので、あらためて冒頭の問題を提起しておこう！『反オブジェクト』のなかで、隈は同じくイマヌエル・カントの系譜に位置づけられるブルーノ・タウトから始めて、自身の消える建築の系譜をたどっている。それはある種の、現象学的建築である。「タウトは、カント哲学を建築に翻訳することに人生を掛けていた。（……）カントは現象学的世界と本体的世界を区別することを提案した。われわれが経験する物体と物自体は、われわれの知覚の外部に存在するものであり、認識可能なものではない」と隈は書く。隈はこのようにこのドイツ人建築家を捉え、彼自身もその哲学を継承し「認識と物質を架橋する」という考え、つまり別の言い方をすれば主体と客体を融合するという考えをとる。自身のために非近代の系譜を再構築する過程で、隈は新カント主義者、フッサール、そして「現象」を援用する。タウトを受け入れることの利点は、隈が近代建築を築いたとするものから隈自身を遠ざけることだけではない。ここでいう近代建築とは可視化のプロセスであり、オブジェクトを周囲の環境から引き離し、つかみ取り、台座や基壇の上に据え、イメージそのものとして見せるものである（建物の全貌が見えるだけでなく、全体として写真映えするようあらゆることがなされる）。もうひとつの利点とは、タウトが媒体と素材を見出したまさに日本において、彼の非近代的な立場を強めたことだ。たとえば、ほとんどイニシエーションであった桂離宮の訪問においても、タウトは予想に反しその極限的な近代性にではなく「関係と相互接続」に興味を持った。つまりは内部と外部、建物と庭園、主体と客体の関係にであり、あるいは輪郭が溶解することにであり、さらには、経験として以外に桂離宮をオブジェクトとして捉えることの不可能性にである。この問題に出会ってから、タウトは日本での滞在中（一九三三―一九三六）ずっとこの問題を考えることになった。別の言い方をすれば、タウトの素晴らしい利点は、日本と自身とを融合させることであり、隈が以後ずっと用いることとなる非近代の哲学と日本の伝統空間という、ふたつのベースを彼にもたらせた。タブローを完成させるために、隈は三番目の拠りところであるデジタル技術を持ち出す。隈によればそれはまさに（主体と客体、あるいは意識と物質……さらに日本と世界のそれ以外など）多くの調和をもたらすのである。

　このような外枠を持つレトリックの内側で、隈は長年、消えることの意味、つまり、姿を隠し、覆い隠し、埋もれさせ、溶解させ、粒子化し、ピクセル化させることなど[1]を展開してきた。彼の探求は〈効果〉であり、〈建築的現象〉である。すなわち、何かを別のものに変えること、屋根が葉に変わること、そしてコンクリートが半透明になる、というようなことなのである……。隈がどうやってこのような離れ業を成し遂げるのかを理解することが重要である。隈の仕事、実践、作品は、物質の配置によって世界を創造し組織するデミウルゴスの作業にはあまり似ておらず、むしろ親しげに物質を再構成し、柔軟で変わりやすい性質を操り、変化を保証する錬金術師の仕事に似ている。

　方法論的な観点から言えば、隈事務所における断片、粒子、ピクセルが、メタファーであると考えてこの問題を終わらせるのは、まだ少し早すぎるだろう。断片化と消失の哲学を用いることで、隈は建築の「儚さ」と「不可視性」という考えの周辺において「非物質的な建築」に形を与えようとしている。どのようにして、はかなさを構築するのだろうか? どのようにして「現象」を構築するのだろうか? 建物の〈ピクセル化〉や物質の〈断片化〉といったことは、言葉で言うよりもはるかに大変な、建築家による途方もない仕事なのである。隈は実際、個人住宅も公共建築も、たくさんの建物を建てている建築家であり、ヴァーチャルな建築家でもなければ、デジタル空間に構築する建築家でもない。「何かとともに」なさなければいけないと、彼は言う。素材とであり、具体的なものとであり、またリアリティとである。毎日彼が答えなければいけない問いや、彼の周囲の若い建築家が解かなければいけない問題は、高度にテクニカルなものである。石らしくなく振る舞う石や、コンクリートらしくなく振る舞うコンクリートを、どうやってつくるのか? そのような効果を生み出すために、物質はどんな試験、どんな操作を受けるべきなのか? 操作、処理、変化、還元によって、物質はどこまでその性質を変えられるのだろうか?

これらの質問を理解するための機会を、最後に隈は私に与えてくれた。隈はヨーロッパにおける彼の建築を担当するパリ事務所を二〇〇八年に開設した。初めて隈に出会ったとき以来、彼の存在感はどんどん増し、名声も高まり続けている。私がこの本を書き終えるとき、隈はフランス(《寿月堂》パリ店、《ブザンソン芸術文化センター》、《FRACマルセイユ》……)、ロンドン、リヒテンシュタイン、スペイン、オランダ、イタリア、ハンガリー、ドイツでいくつものプロジェクトを進行させているか、ちょうど実現させていることだろう。魅力的だ。パリの事務所を訪ねると、事務所の建築家が私にさまざまな進行中のプロジェクトを説明してくれた。「ピクセル」が何度も繰り返して用いられていることは、隈の建築的意図を新しい方法で示している。国際色豊かな若手チームは、このような探求——物質のピクセル化や建築のピクセル化——を最近のプロジェクトでも実践している。定期的に隈がパリに来る機会に、このことについて尋ねてみたところ、彼はすでに〈ピクセル化についての考え〉を準備していた。「ピクセルは」と彼は言う。「大きさが問題だし、支えるものも問題なんだ。もし支えるものが重すぎると、ピクセルを潰しちゃうからね。ピクセルを浮かせたいんだよ」。しかしながらピクセル化については、開拓途中で実験中である。隈の建築に現れたこのコンセプトはまだ新しいもので、パリの事務所にはまったく新しい素材の使い方と配置をした形態が現れてきた。

計画すること、説得すること

二〇〇八年一一月。パリ事務所の指揮を任されている若いフランス人建築家ニコラ・モローが、私を迎えてくれた。どうやって建築をピクセル化するのかを知りたいと、私が切望していることを説明した。約束を取り付けるとニコラは、私が期待していることについては凡庸な考えしかもっていないが、それぞれのチーフによるさまざまなプロジェクトのプレゼンテーションを進んで企画していることを話してくれた。その数日前に私たちは電話で話していて、ニコラはピクセル〈と〉どのように仕事をしているのか、簡単に説明してくれた。彼らは複数のデザインを同時に行い、パースや模型を使って形をつくり、「方向性を決め」、（サイズや素材やモチーフを）「少しずつ変化させていく」。彼も私も事務所のなかでどうすればそれをもっともよく理解できるのかを考えており、ニコラは最初に事務所の組織形態とピクセルの関係性について説明した。「プロジェクトの進め方はいろいろあるんだ。多分、これは隈さんが僕たち若手建築家にすごく早い段階でプロジェクトの担当を任せる、というやり方をすることと関係がある。僕たちはデミウルゴスじゃなくて、職人的に作業を進めるんだ」。

先週、サン＝テティエンヌ建築学校で行われた会議で、隈に会ったこと、学生による印象的なレセプションや、翌日のミュリエル・ラディック氏[2]のセミナーについて、私はニコラに話した。隈と働くことがどんなに幸運なことで、——だからこそ若い建築家たちがここで頑張って働くのだと、ニコラはよく知っている。もちろん彼らは、自分の実力を上げたい、隈自身がそうしているようにもらったチャンスを活かしたい、また自己の才能を存分に発揮したいと思っている。パリ事務所をつくり、誰を雇おうかと考えているとき、隈はひとつだけ条件をつけた。「自分より若い人を雇わないといけないよ」と。「ここではすべてが実験なんだ」。こういうわけで、隈は若い人に囲まれるのが好きなのである。仕事の最初の段階は、「自由研究」、模型づくり、図面の3D化である。実験は本当に「泡、垂直、水平といったあらゆる方向に向かうということであって、ルールは何もない」。いくつかのプロジェクトで、隈は「刺激」を与える。たとえば「何か甘いものがほしい」あるいは「ピカピカにするものだ」[3]とか「俳句みたいに」と。けれども、彼らの「自由にさせておく」ところも残しておく。驚かせてほしいのだ。このような具体的と言うより詩的な刺激を与えられながら、建築家たちは仕事や実験に取り組んでいるのである。彼らはもう一度、隈のもとに戻ってきてあらゆる選択肢を並べる。

「長所と短所を評価する一覧表も描くね。それぞれの案に対して、業者や音響技師や照明デザイナーたちにも会うよ。毎日、僕たちは建設関係の業者と会っているんだ」。

大きな作業テーブルの上に、ニコラはさまざまなスケールの模型やさまざまなプロジェクトの図面一式を置いた。さらにはノートパソコンを持ってきて、さまざまなプロジェクトのパースを見せてくれた。私はニコラに、いつどんなコンテクストでピクセルという語が現れたのかと尋ねた。私にはそれが断片化や粒子化、あるいは溶解といった、隈にとって大事なテーマに変化しているように思えたのである。ニコラによれば、それが初めて現れたのは《ブザンソン芸術文化センター》のプロジェクトにおいてだったと言う。そこでブザンソンから始めることにした。ブザンソンでの大きなアイデアは屋根だった。空中の禅庭のような大きな屋根をつくろうという挑戦だった。禅庭と空中庭園というふたつの大きなモデルを融合するだけではなく、少なくともふたつの明確に異なる伝統を参照して「ピクセル化」にたどり着いた。「石や木や緑といった、五つか六つくらいの異なった素材によってピクセル化しようとしたんだ。自然と融合する建物をつくろうというアイデアだった。ピクセルによって、光がキラキラと輝く効果が得られることが面白そうだったんだ」。始まりは演繹的だったが、ピクセルはしたがってある種の光の質であると帰納的に結論づけられたのである。

何よりまず技術的ディテールを知りたいことを彼に伝えると、ニコラは基本設計図〔APD：Avant Projet Définitif〕を読むよう渡してくれた。私はそこにプロジェクトの主要な特徴や、関係する人々（発注者、ゼネコン、建築家、造園家、エコノミスト、音響技師、舞台設計者、建設会社……）を発見した。すぐにニコラが話してくれた「大きなアイデア」を思い出した。「植栽、アルミニウム、太陽電池パネルで構成された風景のような大屋根が、音楽学校とFRACとしてリノベーションされたレンガの建物の上に葉っぱのように舞い落ちる」。この章のはじめに立てた仮説を、いま正確に述べることができる。アナログ的な意味でのメタファーは、樹木の葉である。ピクセルは、そこにたどり着くための方法であり、「それを表現すると同時に乗り越える〔ex-primer〕」方法である――別の言葉で言えば、輸送を保証するものが、用語の語源的な意味でのメタファーなのである……。基本設計図において「コンセプト」は次のように記述される。「屋根はプロジェクトの主要な部分を構成している。樹木の薄い葉のように、それは地方音楽院とFRACの上に舞い降り、同じ動きのなかでプロジェクト全体を統合する。それを構成するピクセルは主題をつくりあげ、ドゥ川沿いの樹木で覆われた丘という周囲の風景に呼応する。さらに屋根に配置される太陽電池パネルは、使用者の需要に対して部分的に電力を供給する」。主要部分である屋根は「一・〇八メートル×一・二三七メートルの大きさの太陽電池のピクセル」、「一・二五メートル×〇・六二五メートルの大きさのアルミニウムのピクセル」、「一・二五メートル×〇・六二五メートルの大きさの緑のピクセル」、「あらかじめベンケイソウの種を撒かれた〇・六メートル×〇・四メートルの植物容器のピクセル」から構成される。文字通り（まさにピクセルの定義である）〈画素〉として振る舞い、異なる性質によるピクセルが「太陽光が木々の葉を通してつくるのと同じような光と影の戯れ」をつくるという「建築的効果」を引き起こす。図面のずっと後のほうでは、ピクセルは「不透明なピクセル」と

「透明なピクセル」として再編成されている。私はとても嬉しかった。世界から、性質がさまざまに変化する見たこともないようなものがあふれ続けている……。こうやって私が学んだのは、「ピクセルが閉ざされたものではなく、水を通す」ことであり、ピクセルの雰囲気が生み出す独特のテクスチャーが「伝統的な日本建築に特徴的な、外部から内部への連続性」を思い出させることであり、ピクセルが形づくる外皮が「透明な壁と似ている」ことである。また私は、この新しい存在が特別な「管理とメンテナンス」の方法を必要としていることも知った。「責任問題の発生を避けるため、ひとつの会社が屋根のメンテナンスに携わらなければならない。この会社はこの作業のために訓練を行う必要がある。メンテナンス計画を用意しなければいけない」。ピクセルがそれぞれ異なった素材でできていることからも、容易にその処置を理解することができる……。ここでは——とても重要なことであるのだが——異なって振る舞うと予想される（されなければならない）ものたちを共存させることが大事なのである。隈のピクセルが、思考の領域ではないことが次第にはっきりしてくる。逆に一連のコンセプト全体に影響を与えている〈ある種〉の物質性であることを示している。ピクセルはとても繊細な「建築的効果」を生み出すことが可能であるが、当然、同じように望んでいなかったことやコントロールできないことも発生させる。ピクセルの小ささは諸刃の剣だ。流動性を確保する一方、その期待を裏切る行為を行う主役となる。たとえば、ファサードにおけるピクセルは「標準的な扉の寸法」に合わないし、また「経済的な制約から、小さなサイズの要素をメンテナンスすることが難しかった」ためにその数を減らさなければいけなかった。言い換えれば、資金さえあれば、さらに解像度の高い建物にすることもできるということである……。建物の「エネルギー性能」にも影響し、「小さな要素を〈増やすこと〉」によって「ヒートブリッジと（木工事上の）弱点」が増加するという問題が生まれる。建築的ピクセルのもうひとつの特性から、別のことがわかった。ピクセルは水を通過させる一方、〈識別は難しいが〉熱も通過させる……。バランスの問題であることは明確だ。流動性、透明性、光を表現するためには「繊細さと数の多さ」が必要であるが、それらはエネルギーや予算的制限による損失が出ないように決定する必要がある……。

実験すること、増加させること、分類すること

ブザンソンについての資料の閲覧を終えるとニコラが再び部屋に現れ、パースの「下書き」を持ってきてくれた。「よかったら、見てもいいよ」。もう一度、彼は後で戻ってきた。隈について私が書いているこの本のあら筋を読んで、私がこれを面白がるだろうと思ったのだ。大きなA3の用紙を、バグったパソコンの画面のように、何百もの黒や白や灰色の小さな四角が埋め尽くしている。これがピクセルだよ！　ニコラが説明する。「AutoCADで（均質なサイズのグリッドによる）あるシステムをつくって、それをコピー&ペーストするんだ。あなたが見ているのは交互にコピペしたもので、シンメトリーが現れている。偶然性を見つけるのが一番難しいね。つまり僕らはシステムを壊そうとしているんだ」。

私はニコラに、パリ事務所にも東京事務所のようにコンピュータグラフィックの専門家が

いるのかと聞いた。いないよ。ニコラは自分でたくさんのモデリングをして、残りを別の誰かにさせる。ブザンソンでは日本のパース画家とも協働した。「このドローイングは」と彼は続ける。「テーブルくらい大きなＡ０パネルを縮小したもので、一週間以上かけて要素を一つひとつピクセル化していったんだ。このドローイングには模型の一〇倍のピクセルがある。最初は何百万もあったんだけど数千個にしたんだ。予算上の問題でね」。だから建築的ピクセルは、ピクセルという概念から予想される通り、大きな数の問題である。多くのピクセルから構成される建物は〈高い解像度の〉建物だと言える。

　一方で、私は彼がピクセルをどのように理解したかをさらに知ろうとした。ニコラは他のプロジェクトでは、しばらく〈クラスター〉という言葉を使っていたと言った。しかし、クライアントが《ＦＲＡＣマルセイユ》のためのピクセルという言葉も気に入ってしまったため「結果的にピクセルが残った」。円形のもの（事務所の入口にある大部屋の壁に並べられた多孔質状の大きな模型[6]）は、ピクセルではないので同じように説明することはできない。「すべてのスタディには違いがある。多くは小さな違いだ。たとえば、開口部の種類、基準格子《トラム》の変化、水平性の強化、垂直性の利用といったものだね。ここは切り返しのカット、ここは画面外。ここは厚さ。ここは大きすぎるピクセル。ここは重なっている領域を小さくしたもの。パラメータを使って、３Ｄモデルを自動的に修正できるようにしたんだ」。

　ドローイングは次から次へと続き、開いては閉じ、まるで漫画のように器用に動き出しそうだ。小さな変化、それを見抜くのにほとんど時間はいらなかった。そしてそれらの変化によって、ブルーノ・ラトゥールとアルベナ・ヤネヴァ（Latour & Yaneva, 2008）[7]の正確な希望にしたがえば、「動きのあるプロジェクト」となるのだ……。「それぞれのテストのたびに」と、ニコラは続ける。「僕たちは模型をつくり、それらに対応するあらゆる視点をつくる。日本では模型をより多くつくるけど、ここでは僕たちは3Dをもっと使う。日本の模型と同時にレンダリングが終わることもあるんだ」。増殖する様子を想像することは容易だ……。

とは言え、まだ私は何も見ていない。次にニコラは彼の机に私を案内してくれた。コンピュータのデスクトップにAutoCADのファイルが開いており、例の白黒のいくつもの格子《トラム》が見えている。「どれくらいのピクセルがあるのかわからない。計算しないといけないけど、多分三〇万のエレメントがここにある」。ニコラは数を計算して表示するコマンドを忘れてしまった。「command attedit」／「select block」と試す（コマンドは画面の下のほうに書き込まれる）……。「いや、こうじゃなかった、もう忘れてしまった」。いずれにせよ「細かくすればするほど、コストがかかる……」ことは確かだ。ピクセルの数を増やせば、止まってしまう時間も多くなるし、ビス打ちやボルト留めの数も増える。ニコラは私が見た資料のデジタル版を渡してくれると言う。彼は相変わらず自分のデスクで、髪をかき乱した様子でファイルを開いたり閉じたりし、それぞれのプロジェクト（ブザンソンとマルセイユ）のために、模型と3Dレンダリングが〈たまたま〉セットになったものを選ぶ。あらゆるものが記録され、保管されている。彼は隈のサインの入ったブザンソンの屋根のスケッチを見つけた。ブザンソンのプロジェクトは二〇〇七年の七月に始まった。スケッチの日付は一年後のものだ……。だから最初のものではない。「クライアントを喜ばせるためのものだった！」。日付ごと、プロジェクトごと、媒体ごと（模型、レンダリングなど）に分類されているなかに、「テクスチャー」（このファイルのなかには、人影のかたちをしたものもあった）のファイルもある。ニコラはそれらを開きながら、隈に送るためにまとめられたとても大事に扱われるようなファイルも見つけた。距離があるのでコミュニケーションの方法は、もちろん真剣に考えられなければいけない（ニコラも、向かいに座るルイーズのように、しばしば十分な報告ができていないのだという……）。隈は世界のどこにいても、いつでも連絡を取ることができる。日本の秘書が毎日更新するシステムによって、日本でもフランスでも、誰もが隈がどこにいて、どのホテルで、どの番号で、いつコンタクトが取れるのかがわかる。隈がどこかに着くと、ホテルではファックスの山、記事の校正、相談のための書類が待っている。携帯電話でも多くの書類を受け取る。「電話でもよく話すんだ」。なぜなら、隈に作業の進捗状況を報告しなければいけないし、また詳細を〈リアルタイムに〉共有しなければいけないし、「連続的でミクロな相互作用」に結びつけられながら、仕事には実に多くの時間がかかるし、ヴァージョンはどんどん増殖するし、また実験は山ほどあるからだ。コミュニケーションの方法それ自体が、実験のためのプラットフォームになる。これだ――いま私はわかった――最初に電話で話したときにニコラがさり気なく言っていたが、仕事の状況そのものがピクセルや増殖に〈つながっている〉のだろう。

つくること、照らすこと

事務所の入口にある広い部屋の大テーブルに、《FRACマルセイユ》の照明のために、ルイーズが照明器具業者と一緒にいるのがわかった。ルイーズは業者に、今日は「どちらかと言えばインテリア」について考えたいことを伝える。ふたりは隣のテーブルの上に置かれたふたつの大きな模型のひとつと、手元の図面のコピーにもあるプランの一式から作業を始める。業者はプロジェクトについて知らないので、それぞれの空間における動線、その機能、プロジェクトのコンセプトなど、すべてを説明しなければならない。この業者は以前に他のプロジェクトで働いたことがあったので、すでに隈の「建築的言語」を頭に入れていて何度もそれを引き出した。今はこのプロジェクトのために考えられた製造工場の倉庫というアイデアと、事務所が洗練してきた「ミニマリスト」の美学を組み合わせる方法を見つけなければいけない……。議論のなかで、ピクセル化という用語はかなり早くに現れてきた。「スタディホールについては、クライアントとも話し合わないといけないけれども、閉ざされた空間があるのかどうか、仕切り壁を入れるのかオープンスペースにするのか、まだ考えないと」。そう言いながら、ルイーズは模型のプラスチックの仕切り壁を外す。

――「ファサードのために、四角いガラスがスキンのように上まで取り付けられます。でもガラスをすべての場所に使うことはできないし、そのことにほんとうに興味があるわけではないんです……。それに、ガラスが透明というのは正しくないですね！[8] アイデアは、ピクセル化、非物質化なのです」

――「（テーブルの上の模型を眺めながら）これはランダムなんですか？　リズムのようなものがあるようだけど……」

――「金属的なシルエットの手前か奥にピクセルがあります。うねりのようなものができるはずです。そこでそれを取り除きます。というのも、軽くて気持ちのよいうねりではなくて、ここには基準となる格子《トラム》がほしいからなんです……」

――「ピクセルを通して見ることはできるんですか？」

――「ピクセル自体はとても精巧なものなんです。プロジェクト全体に、手作業でつくられたピクセルを使うことはとてもできません。乳白の白からもっと暗い白まで、三つの白色を使っています。今のところ、ファサードが光ることはありません」

――「背後から光をあててみたらどうでしょう？」

――「問題はグレーチングを強調するかどうかですね」

ルイーズが席を外し、他の新しい図面を探して作業場から印刷している間、業者はノートパソコンの電源を入れ、パワーポイントのプレゼンを開いた。会議中にさまざまな資料や媒体が積み重なっていくのは印象的だ。箱から取り出されたBASWAphon（スイスのBASWA Acoustics社が出している吸音プラスターの一種）のサンプルからカタログまで、全体模型、ディテール模型、プラン、CIRVA社のガラスサンプル、図面……。ルイーズが戻って来て言う。「これがほしかったわけじゃない！」

判断の根拠となるパースには、夜の建物のファサードが裏側から照らされ、四角いピクセルによってチェック柄のように覆われている。あちらこちらに十字模様が現れている――格子《トラム》全体からピクセルをところどころ取り除くことによって、望んでもいなかったのにたまたま現れたものだ。「それを取り除くと」、ルイーズは説明する。「おかしなことに、また別の十字（業者のコピー図面の上に彼女が描いた薬局の十字模様のタイプ）が現れてくるんだけど、これもそうしたいわけじゃなかったの。だからたくさん取り除かないと。その除去作業はできるだけ慎重にしないと、また格子《トラム》と十字の組合わせが出てきちゃうのよね！」、ランダムにすれば「軽くて気持ちのいいうねり」を生み出すことができるが、「格子《トラム》」はできないため、望まない効果を生み出してしまう。モチーフが繊細で変わりやすいものでもあるという証拠に、ピクセルはここでも他のところでも、すぐに薬局の十字やテトリスゲーム、マトリックスといった別のものに変わってしまう傾向がある。何回も実験を行う唯一の目的は、ピクセルを安定させて、建築的に満足でき、流動的であり、おぼろげであり、現象的である〈何か〉を生み出すことにある。

――「雲がほしいわ」、ルイーズが続ける。

――「……でも四角ですよ」。業者が軽く諭す。

――「……均質で、ぼやっと拡散したようなものよ」

――「色のついたピクセルを使ってランダムにできないですかね？　暖かい白と冷たい白を交互にするとか。面白くなるかもしれませんよ。ガラスを生き生きさせるなんて魔法のようですよ。フィルターを使いますか。素材の見え方が変わりますよ。（パソコンでパワーポイントを開きながら）これはサンゴバン社と開発した水玉模様で、光る窓ガラスです。消えると、不透明になります。光らなくても明るくて、遠くからも見えます。つまり満月ですね。自分で光らないけど、どこからでも見えます。おかげで表皮はとても生き生きとします。光がピクセルになってきれいに見えます。その後に丸くしたり四角くしたりと調節できます。照明としても際立ちますよ。公害にもならないですし。あるいは後ろのほうから見てみましょうか……。ファサードの担当はどちらですか？」

――「A社です。建物すべての照明を彼らが担当しています」

――「じゃあ直接彼らと話すことにしましょう。説明は頭に入っていますか？　……円形でも直線でもなくて、普通にざっと描いた線でもない……。ファサードの責任者は？」

――「B社です。彼らは構造を担当しているんですが、実際のところ構造のための構造ではなくて、金物のための構造で……、特に風を考慮するためなのです。今日はふたつのヴァージョンがあります。ひとつはより豪華なもの。薄いガラスを縦材ではさんだもの。3Dでテストしなければいけませんが、私はあまり納得していません。基準格子《トラム》との関係で言えば、垂直のラインを加えるとリズムが出ます。私は垂直のラインを加えたほうが、建物がすらっと見えると思います……。一パーセントの芸術的なことも考えましょう。

池、テラス、レストランの話もあります……。ファサードには、ＣＩＲＶＡ社のアーティストを考えていました。彼がつくったピクセルをわれわれも再現したんです。ＣＩＲＶＡ社の職人から送られてきたガラスのサンプルがピクセルを実現できるなら、それこそがピクセルの〈サンプル〉となるはずです」
――「でも、そういうことは言われていませんでした。ピクセルはあなた方のデザインで、横から美的に口を出すことはないですよ。ピクセルは一パーセントのなかには入りませんから。でもそれはまさに隈さんのデザインです」

新たな緊張が生まれる。デザイン全体にとって、建築物を作品として署名することができる建築的意図の大部分はピクセルにある。それを他者に任せることはできない。ピクセルは一パーセントのアートではない。だからと言ってルイーズが先に述べたように、手作業で〈すべての〉ピクセルをつくることはコストの面から考えて不可能である。だから手作業のピクセルとそうではないピクセルを分ける方法を見つけなければいけないだろう。これが考えなければならない新しい共存の方法である……。

これらの小さな存在が、途中で何度も定義されていくことは驚くべきことである。しかしながらそのアプリオリな性質についてはまったく問われることがなかった。業者はこのプロジェクトにおけるピクセルとその使い方について、あらかじめ解明しておこうとはしなかった。

一度発せられた言葉は変化して、あたかも自分自身について説明を始め、率直で明白であることを自分に課すようになる。〈〈クラスター〉ではなく〈ピクセル〉という表現を採用した〉クライアントや業者は、そうして確立され拡張される建築的コンセプトに貢献している。打合わせを通して、ルイーズ〈と〉業者はピクセル化とは何かということに対する相互理解を得る。ピクセルの様態について、それに何を求めることができるのか、また何がピクセルで何がそうでないのかについて、彼らはさらに理解した。

この打合わせの最中に出た実にたくさんの質問によって、建築的ピクセルに与えることができるさらなる別の特性が垣間見られた。すべての小さなエレメントがピクセルというわけではなく、またそのためある種の方法で振る舞う必要があるので、こういった質問は非常に具体的なものでなければいけない。ピクセルはどのようにして、浮かんで釣り上げられたまま、中間的な存在のままにされるのであろうか？　ガラスがコンクリートのスラブのようにならないようにするには、あるいはバスティーユのオペラを覆うプレートのように、汚れたちり紙や脂ぎった紙を積もらせて通行人を守るネットを必要としないためには、どのようにすればよいのだろうか？

満たすこと、空にすること

朝、私が到着したとき、ルイーズと（数日前からオフィスに来ていた）ロドリゴはちょうど仕事を始めたところだった。パソコンの前に座り、ルイーズはロドリゴに進め方を教えている。まず最初に〈デスクトップ〉を整理し、どうしたらＶＩＳＴＡの画面左にすべてのファイルが現れるようになるかを学ばなければいけないのだ。

――「グリッドを動かしてはだめ。「Ｘｒéｆ〔外部参照〕」のなかに入れて、それをロックする（左にはプルダウンメニューがある。1.平面、2.断面、3.立面、4.ＤＥＴ、5.Ｘｒéｆ、6.プレゼンテーション……）。わかる？　たくさんのフレームがあって、図面を進めることができるの。これを今日の日付で保存して。（慎重に保存した後）そしたらピクセルの後ろの立面図を消してもいいわ。そしたらそこに残っているのはグリッドと縦横の線だけでしょ」

――「グリッド上の点を参照したいときはどうしたらいい？」

――「私はいつもこうやって上の端に合わせてるわ」

最初、私は何が起こっているのか何もわからなかった。それはデータの管理についてのことで、新しいデータをつくっているときに、過去につくったデータを消さないようにするためのこと、つまり積み重ねに関することであった。「ファサードのリデザイン」のために、レイヤーに似た「グリッド」をあらためて利用すること――それが今日の目的である。

――「あなたがつくった三つの格子《トラム》に関係づけながらピクセルを定義しないとだめよ（前回は模型との関係だった）。そこ、後ろ、消してもいいわ。階数と垂直の柱はそのままにして。下はそのままで（建物の下のほうは自由になっており、ピクセルはない）」

ロドリゴはすぐに自分がコンピュータの前にひとりでいることに気づいた。マウスホイールに指を乗せて〈操作し〉、デジタルオブジェクトに近づいたり離れたり、並べたりズームしたりした。同時に、同じ画面には建物がいくつかの異なる視点で2Dで表示されている。ある視点の右側にはピクセル化されたファサードの小さなサンプルが、検討を待って浮かんでいるかのようである。

――「コピー＆ペーストで進めればよいのかどうかよくわからないんだ……。アイデアはランダムにやるということだから……。僕はここに来たばかりで作業も初めてだし。二、三回のコピペならうまくいくだろうけど、全部そうしてしまうと、よく見れば反復的に見えるだろうし」

交互に行うというのはピクセルからピクセルへと進めることであり、すでに並べられた複数のピクセルをコピペするのではなく、正方形のピクセルを持ってきて、それから長方形のピクセルを持ってきて、というようなことなのである。ロドリゴがカーソルを四角の上に合わせてクリックすると小さなウィンドウが現れ、そこに次にしたいことを書き込まないといけない。「コピー」なら「co」というように。いくつかの正方形とふたつばかりの長方形を描いた後に、もう一度マウスホイールに〈手を戻して〉画面を見た。「模型のほうが簡単だ。正確に測る必要はないし、こんな感じにできるからね」（と彼は両手の二本の指先を少し動かして身振りで表現する）。つくったばかりのものに近づいたり、離れて全体を見たりと、彼はスケールをさまざまに変えている（近づけばピクセルが集まり互いにつながる様子を見ることによって骨格を知ることができるし、全体を見るとピクセルが描くモチーフを理解することができる）。グリッドを描く方法で水平線を描き、それをコピーし繰り返すことによって正方形や長方形を配置する。最初ピクセルは少しずつ配置し（角が重なり合わなければならない）、それから離していく。カーソルを正方形の角に合わせつつ、コピー&ペーストを行う。何かしたがうべき指示やルールがあるのか、それとも好きなようにできるのかを彼に尋ねた。「ある程度守らなければいけない正方形や長方形のプロポーションはあるはずだけど……、ここではランダムにしないとね」。模型でスタディした格子《トラム》の通りに、ファサードを再び2Dで描かなければならない。長方形／正方形がランダムに配置されるのか、幾何学的に配置されるのか。正方形／長方形が水平に配置されるのか。この格子《トラム》のそれぞれに対して、三つの異なる不透明のガラスがある。もうひとつルールがある。「それは、たとえばピクセル同士の辺が共有されてはならないが、角で重なるならばよい。このことに注意しなければならない」。

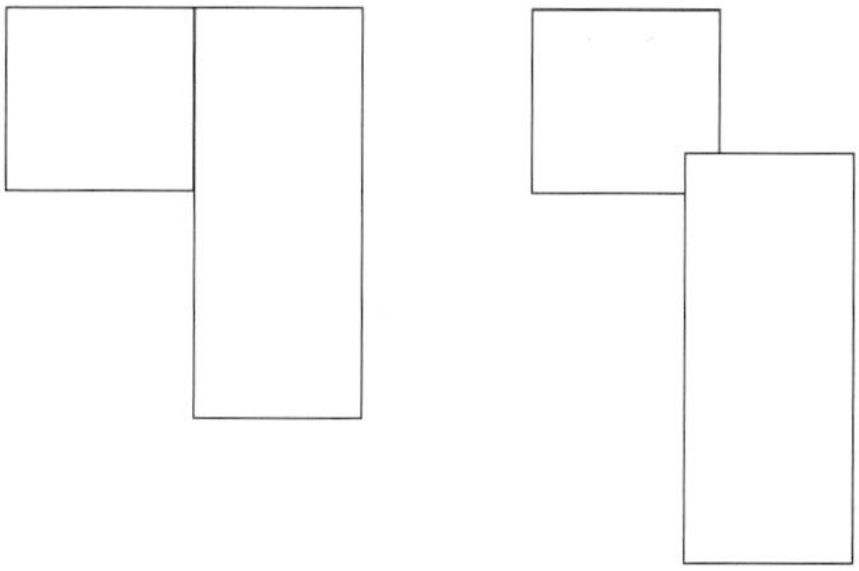

左が好ましくないオブジェクトで、右が溶けて浮かんでいるもの……、ロドリゴはひとりで考え続けた。「誰も言ってくれなかったけど、これはできないような気がする。模型でこういう部分はどこにもなかった。くっつけると重い感じがする。でも何か軽いものをつくらなくちゃいけないんだ」。しばらくして、彼は私に言った。「ピクセルを離しておいてもいけないんだと思う」。

　ロドリゴは四角形をふたつ、三つとコピーしながら仕事を続ける。残りの時間中、「co」とタイプする。彼は次第に上達し、一番近くにある正方形や長方形をコピーし、できるだけ近くに――くっつけながら――ペーストするようになった。スクリーンに何が映っていて、彼の手が何をしているのか、写真と動画を撮った。右手をマウスの左クリックボタンとホイールに乗せ、スケールを調整し、選択して配置する。左手はキーボードのcとoとエンターキーを押し、またデリートキーも打つ。ロドリゴはランダムにグリッド上を進ませる。サンプルにもっとも近い右側から始め、上向きに埋めていき、少し左にずらす。それから彼はちょうど終わったところの一部を選択し――これが一連の流れなのだが——それをもっとも遠い隅、つまりまだ何もないスクリーンの左上にコピーする。それから彼はこのユニットを再びコピーする。「（目も集中力も）だんだん疲れてきたよ。（量的にも）十分に描いたし、（もっと早く埋めていくために）これからは短い手順でコピーができるよ。模型では、僕たちはちょっとしたシークエンスを実現したけど、このなかでは、ファサード全体をつくることができる。もっと参照源があって、比較して選ぶことができるんだ」。

ロドリゴが座る大きなテーブルの反対側の端で、ヴィクトールも同じようにコンピュータに向かって作業している。ロドリゴも一緒に担当しているマルセイユの建物形状を思い出した。ルイーズが彼を見に行く。ふたりでスクリーンに映っている3Dドローイングを見る。ピクセルは今回、ピンクとイエローの柔らかいラインで見えている。

——「ピクセルをひとつ取ってきて、それを大きく膨らませないといけないんだ」

——「ふたつを加える。そしたらひとつかふたつ取り除かないといけないわ。それを後ろの壁と一緒に見る方法はないの？　いま全部グループ解除して、もう一度グループ化してしまったほうがよくない？」

彼らが何をしようとしているのか、また、ほぼ一時間前から見ているヴィクトールの作業がそれとどう関連しているのか、私は理解しようと試みた。ロドリゴはAutoCAD 2Dを用いて、ファサードの図面を二次元で描いている。ヴィクトールは同じアプリケーションで、三次元のデッサンをしている。ルイーズが教えてくれた――ロドリゴが描いた図面、ファサードの緻密なディテール、スタディは、そのままでは〈取り出せない〉。「バランスを取って」３Ｄに戻すことができないのだと。〈直接〉３Ｄレンダリングにかけられない。しばらく考えたあとに彼女は言った。「偶然性を取り出す方法はたしかにあるんだけど……」。

ディスプレイ下部のバーには、キーをタイプするかクリックするたびに生成される操作、あるいはコマンドが、次々に映し出されている。[9] それはこのようなものだ。

Command: *Cancel*
Command:
Command: e ERASE 1 found
Command: Specify opposite corner
Command: Specify opposite corner
Command: n MOVE 16 found
〈use first point as displacement〉
Command:
Command: *Cancel*
Command:
Command: *Cancel*
Command: Regenerating Model
Regenerating Model

ヴィクトールは待った。ディスプレイがしばらく暗くなって、3Dの調整システムだけが隅に表示されている。それから、今実行したばかりのコマンド列によって、より充実し、たくさんの変更がなされたドローイングが再び現れてきた。スクリーンのなかでくるくる回っている色のついた三つの線分（2Dのレンダリングにおける二本の十字のラインの代わり）は、図面上で彼がいる位置である。ヴィクトールがマウスを動かし、ドローイング上でその座標軸を動かした。彼は、これら一〇ほどのコマンドでモデルを「刷新した」――それともモデルが生まれ変わったと言うべきだろうか。彼とキーボードの間には、紙のプランが置いてあり、ここに彼は新しい寸法を書き込んでいく。行ったり来たりの繰り返しで、このデジタルのドローイングへの指示を〈転記する〉ために自分でメモした手書きの紙を、彼は参照する。続いて、逆にドローイングそのものからはっきりと導かれた寸法を、またプランにメモする……。「スライスするオブジェクトを選択する」……。

一方、ロドリゴはピクセルを埋め続けていた。彼は図面の外側、左側の画面の黒い部分でサンプルをコピーする。「一連のものをコピーしてからミラー反転するんだ。そうすると違うものができる」。彼は左右反転された一連のピクセルを、画面の一番左側の部分に戻しつつ、今度はさらに（長方形の端から）下のほうにはみ出したものを取り除く。すでにできたものからランダムに選び、残っているものすべてをコピーする――ただし、あらゆる高さのものではない。と言うのも、飛び出てしまった長方形の端を一つひとつ消す羽目になるということを、彼はもう経験しているからだ。大きな一歩を進めた。スペースの一部が一気に埋まる。それから修正する。重なっているもの、隣に触れている正方形、さらに下のほうにはみ出している長方形がある。まだ空白の場所には、ところどころいくつかの正方形を加える。スケールを変えつつ、彼は今やほぼ埋められたファサードに目印のため二、三の空白を設ける。そして上部でピクセル化される残りのスペースを覆う／埋めるために、今度は横長に伸びるひと続きのものを選ぶ。最初に水平なラインを見つけ出さなければいけない。実際にそういうラインがあるわけではないが、それなしではピクセルをインサートすることができない。そして再び「ひとつずつ」行う方法に戻る。「(ひと続きのものを上のほうの帯に) コピーしよう。でももう結構繰り返しているな。だから……」。作業画面のまだ黒く残っているスペースで彼は私にふたつのモデル、もしくはサンプルを見せてくれた。そこから彼は作業を始めた。「(彼がちょうど作業をしていて、縦長の長方形や正方形を連結させているモデルの上で) 僕たちは建物について違う理解をし始めているんだなとわかってくるんだ。(たとえば、正方形でできた幾何学的なファサードのようなものとは) 全然違う」。もう少し後になると「でもルイーズは、これはとてもシンプルな建築 (を目指していたはず) だと言うんだ……。ただ実際には、最終的にはもっと複雑になる。もっとするべきことが多くなるし、ときにはさらに何か (ピクセル) を付け加える必要があるし、ときにはいらない。彼らがどれを選ぶかはわからない……」。ロドリゴは、最後にプロジェクトを活気づけるための緊張について力説を始める。それは (シンプルなモチーフを好み、さらに容易に実現可能な) 単純性と (モチーフが過度に幾何学的だったり反復的だったりするのではなく、モチーフ一般に加えて実行される作業も複雑化させる) ランダム性であると。

ロドリゴはようやく画面を埋めることを終え、存在しない線を消し、あちこちに正方形を付け加え……、その結果がどうなったかを確かめた。ピクセル化は実に大変な作業だ。結局のところ、逆説的ではあるが、ランダムなピクセルをつくりだすためには、ほんとうにコンピュータがもっとも適切な手段なのだろうか、という問いが生まれる。すべてを関連させ、また〈連続的にランダムを生み出す〉[10]ことができるようにするためには、ある種のアプリケーションやプログラム、もしくはプログラミングが必要となるだろう。いずれにせよ、この対話で明らかになったのは、消去させる実務家たちは、結合させつなぎとめる実務家とも、集合させる実務家とも不可分であるということである。

ピクセル化に付随するあらゆる用語を見てみよう。ピクセル化するとは、厳密に言えばイメージをつかみ、（多かれ少なかれピクセルの）異なる解像度を表示するという操作である。より多くのピクセルにより「編集された」イメージは、より高解像度、より高精細なイメージである。イメージの質はピクセル数によって変化する。隈事務所の建築家たちによって行われているピクセル化の作業は、何よりどこまで解像度を落とすことができるかという問題を提起している（ピクセルの数を減らしても、その大きさをできる限り小さくすることで、ピクセルは浮遊感を持ちうる）。それは同時に、建物とその構造を保ちつつ、また何百万もの固定用のボルトを使わずに、かつ予算内で、納得できる条件下で施工する可能性を保ちながらなのであり、さらには溶解して輪郭がぼやけ、現象的な質を持つ――したがって一定の建築的なクオリティを持つ――建物の〈イメージ〉を生み出しながらなのである。どうやって輪郭のぼやけたものを〈創り出す〉のか――偶然性は他にも多くある方法のひとつにすぎない――、さらにその方法は彼らが単純性を求めているにもかかわらず〈複雑化〉してしまうものだ、ということに気づいたとき、実験を通して限界を明らかにしてしまうのだ……。

取り付けること、取り外すこと

「ファサード」のミーティング。ふたりの「ファサディエ〔ファサードの専門家〕」が大きなテーブルに座る。すぐにエコノミストもチームに加わる。

ルイーズ「ピクセルに使うものを何か考えましたか？」
ファサディエ「積層強化ガラスですね。四点に孔を開けます。ロチュール〔皿孔に留められる特殊ヒンジボルト〕が積層ガラスに留められて、外からは見えません（ノートに図を描く）。どのパネルもロチュールとともに直接現地の工場に届き、また孔も工場加工されます」
ニコラ「影が見えないかな？」
ファサディエ「ロチュールはステンレスですし、むしろ光って見えますよ。どんなガラスを使うかによりますね。〔レンゾ・〕ピアノはミラノの銀行（の階段）で、三層ガラスをこういうふうに使っていますね」

エコノミスト「そういうものは簡単に制作できるんでしょうか？」
ファサディエ「単純なステンレスですよ。お望み通りにできます」

二種類の固定システムが比べられた。「ロチュール」のシステムは「ガラスに孔を開けるので少しコストが高い」。もうひとつの引っ掛けシステムは……、

ニコラ「……デザインにぴったりなシステムだね！」
ファサディエ「ええ、これはサブピクセル、つまりピクセルの数を減らす方法なんです」

これはモチーフ全体に寄与しつつ、いくつかの正方形のなかに小さな正方形（ふたつのピクセルが重なる場所）をつくってしまうものだった。ファサディエは、引っ掛けシステムを再解釈したのだ。それを変化させていくだけで……、

ファサディエ「六〇×六〇というのは、よいプロポーションですか？」
ルイーズ「ええ。でも他の解決案も考えていたわ。同じ格子《トラム》なんだけど八〇×八〇のガラスよ」
ファサディエ「重なりは一〇センチと言っていたのですが、五センチでもできるかもしれませんね？」

会議が終わった。すでに遅い時間であり、午後いっぱいが会議で過ぎてしまった。最初の議論は「流動性」について、次に「ファサード」についてだった。多くの質問が投げかけられ、多くの提案がなされたが、同時に新しく多くの問題も生まれた……。最後にスケジュールについても議論された。エンジニアたちが帰り、三人の建築家たちは疲れきってタバコに火をつけた。事務所に来たばかりのフェリシアンは、まだ理解を試みようとしており、たった今見たばかりの展開について話をしている。彼は模型を見て言った。「これってまるで〈ディーナー&ディーナー〉だ」[11]。「いいえ」とルイーズは言う。「ディーナー&ディーナーとはまったく違うわ。パネルはもっと大きいし……」。もう少し前のヴァージョンを示して、フェリシアンは言う。「前はまさに『マトリックス』だったけど、今はリズムが変わったし。ピクセルをシルクスクリーンにしたらどうかな？」、「いいアイデアだ」、ニコラが言う。「でも隈さんは、（ソファの上に置いてある模型のように）ファサード全体には使いたがらないだろうね。安っぽいし、既視感があると言っていた……」。ピクセルとその配置の可能性についての新しい言葉が現れる。「トラム」、「グリッド」、「マトリックス」は、いずれもピクセルを他のピクセルに取り付け、またファサードに固定する方法を規定する。

溶解する建築とは、つまり――とりわけ？――〈集合する〉[12]建築でもある。断片化させ、粒子化させ、ピクセル化させる技法は、集合させる技法（や問いかけ）とも関連している。問題はつねに、どうやってピクセルを取り付け、一体化させ、共存させるのかを知ることである。建築的オブジェクトの消失についてうまく説明するためには、接合部について説明する用語を

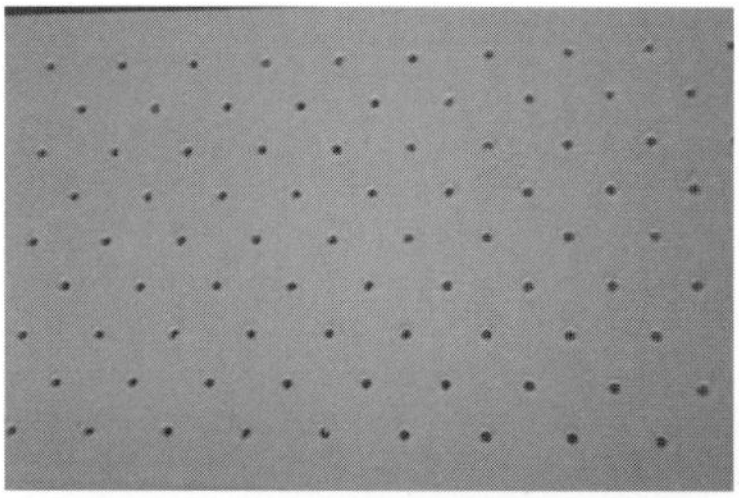

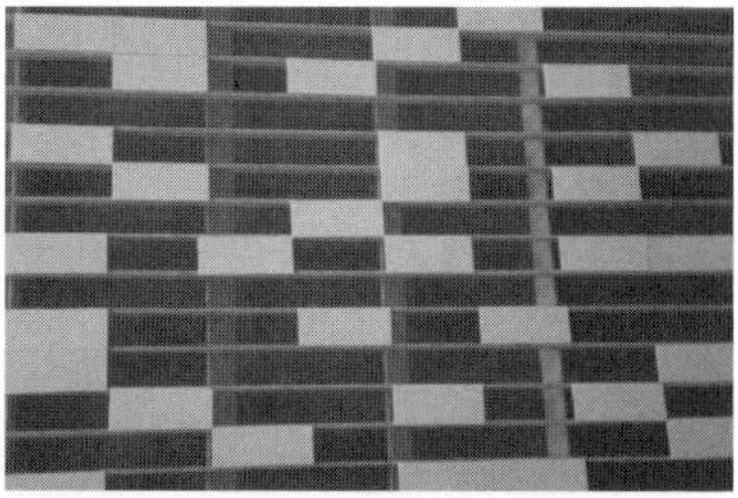

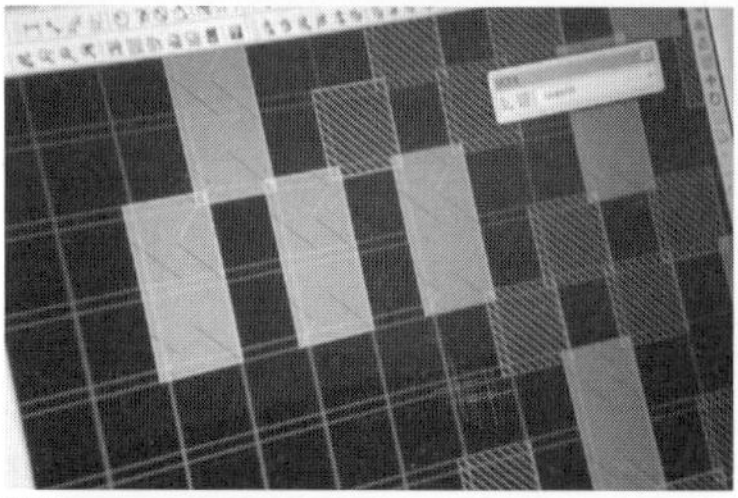

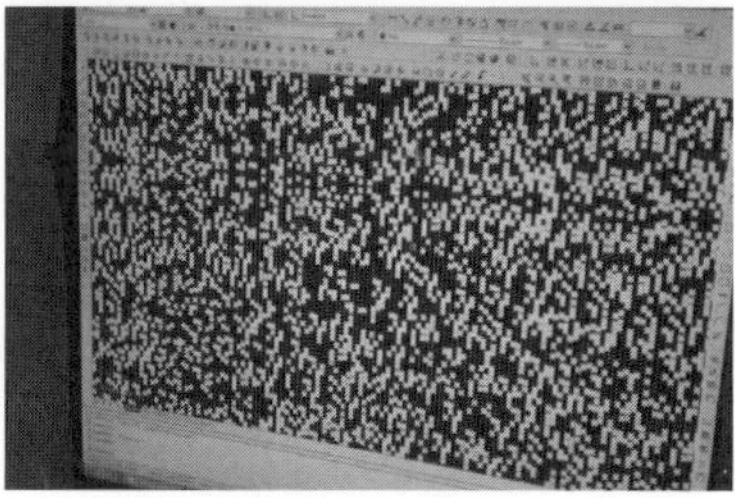

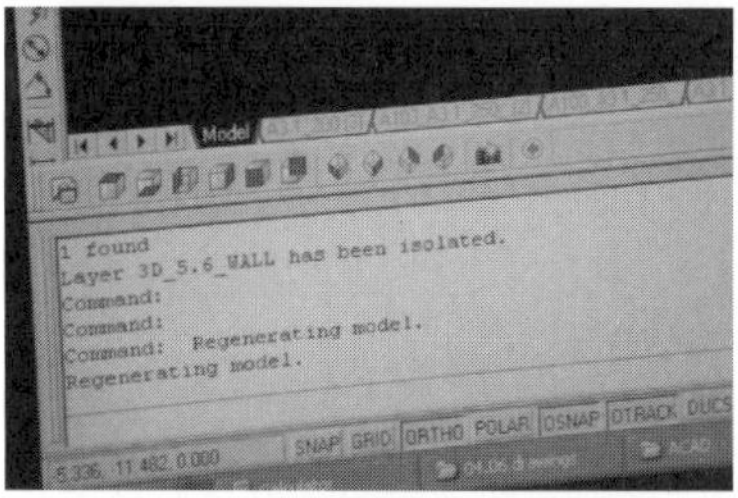
Model
1 found
Layer 3D_5.6_WALL has been isolated.
Command:
Command:
Command: Regenerating model.
Regenerating model.
SNAP GRID ORTHO POLAR OSNAP OTRACK DUCS

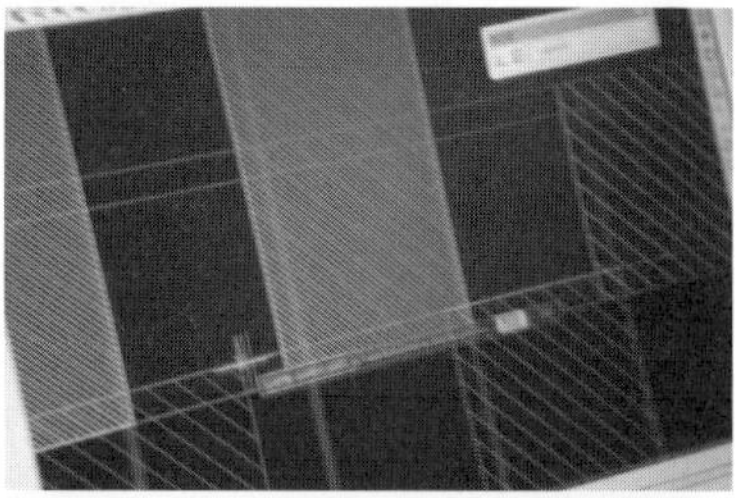

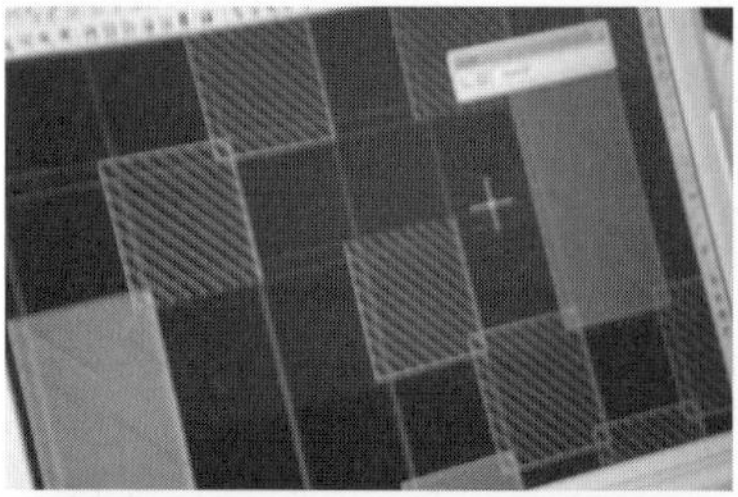

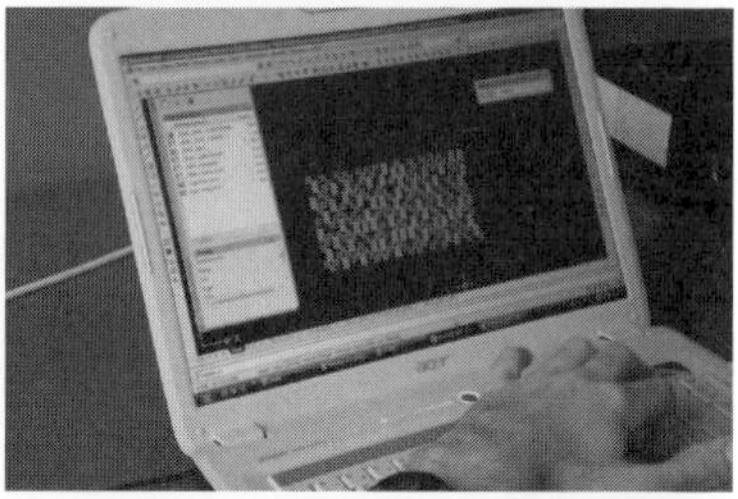

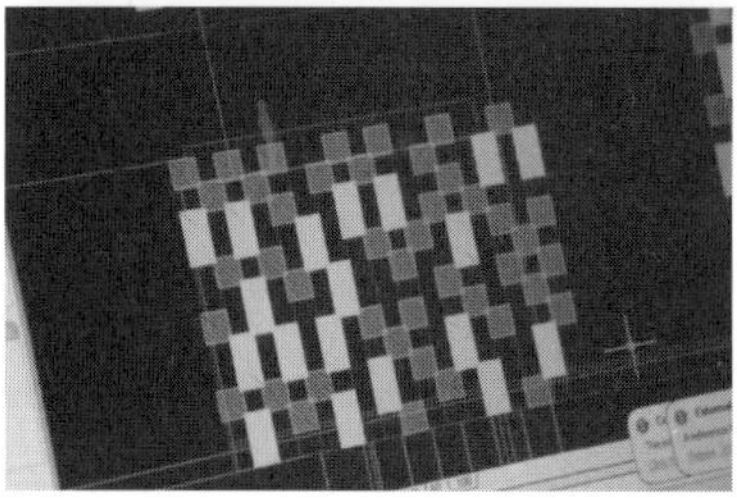

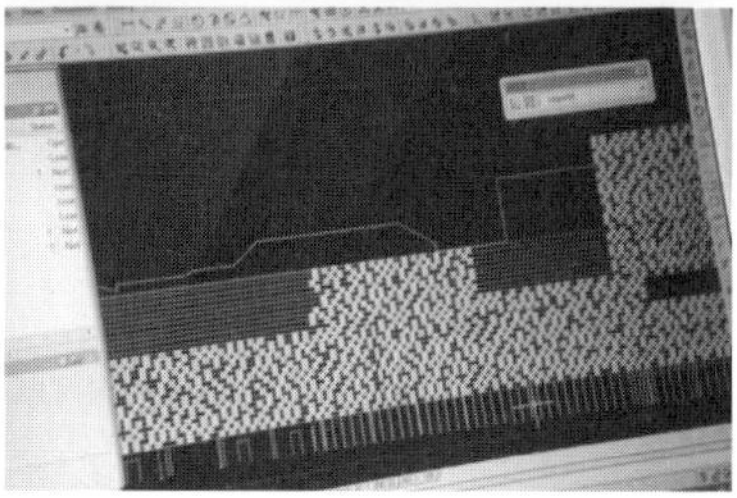

知る必要がある。梁、パラペット、吊り受け材、筋交い、サイディング、グレーチングといった言葉をしっかり知らなければならない。少しだけ見えなくなったり、少しだけ支持材が控え目だったり――〈少しだけ得る〉ことを知るエンジニアや施工会社の言葉である。「図面を描いた後から、これは違う、これでもない、なんていうことはよくある話だからね……」とニコラは嘆いた。「これ」というのは支持材のことで、まる見えになっていたり、建物の表面に〈顔を覗かせ〉しまっていたりするのだ。「イメージがあまりよくないね。レンダリングを見るとがっかりだ」と彼は付け加えた。図面に描かれたときの建物をより理解することによって、建築家たちは苦労しながらも、たとえばピクセル化されたファサードが、その表面にはピクセル以外は何もなく、しかもピクセルが何かに支えられているようには見えないようにしようとする。図面によれば、ピクセルは金属の長い支柱によって建物の下部と連結されるので、デザインとしては流動性を表現するために本質的な「ディテール」が「広告パネル」に似てしまう……。プロジェクトの見栄えを悪くしたり「メッセージ性を失う」ことなしに、どうやって取り付けるのかをエンジニアたちと再検討しなければいけない――ファサードが浮かび上がっている〈ように〉見せるために、できるだけ（支える部分を）隠してカムフラージュし、にもかかわらずきちんと支えているように……。ビスを隠し、張出しをつくり、はめ込み、厚さを利用して納め、垂直材を数ミリメートル短くし、断面や色彩で遊ぶ。エンジニアの権限のなかではプロセスは無限にあり、出発点は「それだけでは支えることはできない」という考えであるが、支えるためのさまざまな方法が実験により試される。

「浮かぶ」建物をつくるということは、あらゆる〈結合部〉に細心の注意を払うということでもある。その効果を全体にわたって保持するためには「カムフラージュ」の技法をはっきりと用いる必要がある。（空調、給排水、電気等の）専門家との「流体についてのミーティング」における会話はこんな様子だ。
空調エンジニア「ではどこで（下部の換気のための）風を送りましょうか？」
ニコラ「（送風なら）床でやったのと同じように、見えなくするために中空のジョイントでずらそう。（ニコラはスケッチを描き始める）……、それにちょっと運がよければ……照明も置けるよ！　格子《グリル》を黒く塗装すれば、見えなくなる……」
電気技師「格子《グリル》はどうしても見えてしまうことを承知していただかないと……」
ニコラ「問題はわかるよね。真っ白い空間なので、なかに何も置きたくないんだ……」
電気技師「空気を通すためには、格子《グリル》を隠せないんです！」
空調エンジニア「断面さえ自由にさせてくれれば大丈夫ですよ（穴だ、とニコラはフェリシアンに伝える）。ただ、木でもよいのではないですか？」
電気技師「ここにあるのはどれも標準的なものばかりです……」
ニコラ「これは酷い……、インパクトが最小の、白くて、クリーンな空間にしたいんだ……。余計なものをなくせるなら、面積を削ってもいい……。ただ、いずれにせよ格子《グリル》は見えてくるのか……。その（箱の）見苦しさを隠すなら、二重壁にしたらどうだろう？」

電気技師「美的な問題ですね。ただし、いろいろな制約が出てきます……」

〈無重力の〉建物をつくるということはとても難しく、空気もしくは必要な流体〈給気、排気、給排水、電気〉の循環も見えない建物をつくるということである。こういう文脈のなかで、ニコラは意図的に「カムフラージュ」と言ったのだ。カムフラージュするということは、そもそも減らしたり節約したりできないものに手をつけ、あるいは選択肢にないものに取り掛かるために、〈建築的領域の外側にある〉手法を見つけ、あるいは構造を考えるということなのである。[13] 建物が〈現象〉となり、またそれが見るものに依存する、つかの間の虹のような質を持つためには、根本的に建物が自ら〈呼吸し〉、自ら生き、自ら必要なものを取り込み、自ら冷え、自ら温まっているように、見えなければならない。

数日後のマルセイユ。ルイーズはスポンサーらに基本設計図を説明するために来た。ニコラは、普段はすべてのミーティングに出るが、直前に《ベイルート文化会館》のコンペティションの提出があったために引き止められていた。フェリシアンは病気だ。間に合うよう懸命に必要書類一式をつくってきたルイーズは、ふたつの選択肢を提示する。ひとつ目は、われわれがその展開をずっと追ってきたもので、ピクセル化された「スクリーン」とそれを支えるファサードをできる限り洗練された方法で組み合わせる案である。ふたつ目は「コスト優先」に考えられたもので、「ファサードを融合」し、ピクセル化されたスクリーンとファサードとを分離させずに一体とする案である。ルイーズは説明を始めた。「建設資材が節約されます。と言うのも、スクリーンを（ファサードから）離すと、その分だけ構造にかかるコストが高くなるからです。次の段階です。全体の見え方としては、モジュールは変わらず、ピクセルの見え方も変わらず、なくなるのは陰影のゆらめきだけです……」。コストの議論にはならないように注意しながら（予算はオーバーしており、スクリーンだけが問題であった）、ルイーズと同僚たちは多少譲歩する解決法を用意したが、その方法ではまったくスポンサーたちを満足させることができなかった。ルイーズが進めたどの議論も（「いずれにせよ、反射の問題があるだろうし」）、「建物を確固としたものにする」ようには見えなかった。ある人は「これでは重々しくなってしまう」と不満を漏らし、別の人は「以前はもう少しヴァーチャルな印象があったけど、今回は……」とけちをつけた。「ヴァーチャリティ」を生み出すためには、実際にはピクセルに期待するしかないのである……。しかし今度は接合部分を完全に消してしまうことによって、ピクセルが考案された理由については何も生み出さない「無気力なファサード」となってしまう。

――「構想段階のファサードから、今回提案されたもので変わったことは……、以前は建物が雲のなかに隠れているようで、それはほんとうに革新的なものでしたし、マルセイユではまったく見たことのないものでした。今はそれがどのようなものになるのか、よくわかりません」

――「それにドローイングだけでは判断できませんね……。それにこの空は何ですか？この世の終わりみたいですよ！」

――「この点は、このプロジェクトを選択するうえで、決定的な要素でした……。それを変えてしまうということは……、以前はヴォリュームが曖昧なものでしたが、今回ははっきりしました。その変化がどういう影響を及ぼすかよく見てみないと……」

――「ここが窓に変わっていますね……」

――「以前は窓がファサードを際立たせていましたが、今は平板です」

――「そうそう、これではただの窓がついたガラスのファサードですよ」

ルイーズ「それはちょっと極端ですね……」

――「以前は重なっている部分もありました……」

――「……それにランダムな配置も」

――「それに前回はアイデアを示すもっとたくさんの要素が配されていました。模型もありましたし。こういったイメージも……、今回のものは雰囲気はよいのですが、揺らめきや透明性を感じさせるものがないんです……」

――「それに、地中海の空をここに取り戻さないといけませんね!!」

ルイーズ「これらのイメージが示すアイデアは、ピクセルを支える金属の支柱を見えなくするということでした。今は外装材の後ろに消えています。これらのイメージが伝えようとしていることは、そういうことなのです……。宙に浮いたファサードの表面以外では、支持材が見えます。また前回案では垂直材を消去するために非開口部を強調していました。ただ、今はもう少し密度を減らそうとしているんです。（……）ピクセルを高密にしすぎてイメージが誤解を与えているかもしれません」
――「ある意味でわれわれが買ったのは、曖昧性なのです！　今回はそれが変化してしまった……」
――「もう一度、建物の先端部の垂直性や、ファサードのあちらこちらにピクセルがあって、先端部に近づくにつれて、段階的に物質化するというアイデアに戻りましょう。以前あったような、だんだんファサードを侵食するという雲を取り戻しましょう。そしていま失われている雨のメタファーを思い出しましょう……」

　これは挫折だろうか？　コンセプトを本質的に示していた基本構想（APS）と、実現のために必要な建物の構成《コンフィギュレーション》を伝える基本設計（APD）の間に、何が起こったのだろうか？建築家たちは妥協のない現実に立ち向かったが、現実はかなり徹底的であり、彼らは不可能な代替案の前に立たせられたのである――あらゆる接合部を隠すと同時にコンセプトを失うのか（接合部を見えなくするためには、スクリーンをファサードに近づけるしかなくなり、流動性を失ってしまう）、もしくは浮かび上がらせるためのメカニズムをさらけ出しながら浮かせるのか――これは隈にとっての二律背反《アンチノミー》だろうか？　隈の建築は、〈トリック〉にもごまかしにもなれない。他の方法が探され、異なる密度が試され、「再び密度を減らされ」、ファサードのある部分と別の部分で、異なる密度が与えられる必要があるだろう。

　議論が進むにつれて、彼らの失望や具体的な関心がレンダリングのクオリティについてのものであり、また彼らがレンダリングに求めていた性質、正確にはこれ以上表現されようとしなかった性質（雨、雲、バーチャリティ、透明性など）についてのものであることが分かった。そしてわれわれはマルセイユの空にはありそうもないどのような雲を入れたとしても、建物自身のために求められている――もしくは見込まれている――効果の代わりにはなれないことを理解した。〈貼り付けられてはいない何か〉、この何かとはもちろん空であるが、マルセイユの空ではない（二週間前に猛威を振るって海岸通りを含む都市全域とその周辺を麻痺させた吹雪でさえも、このような空としてのリアリティを与えることはできない……）。するべきことは明らかだ――建物自体の雲と雨を見つけださないといけない……。〈特別で〉ただひとつの雲を――隈がつくった雲を――マルセイユの空に、美しくきれいに浮かべなければならないのである。

1 冒頭の章では、まだ他の範疇の言い方であった。つなげること、浮かせること、最小化すること、反転させること、置き換えること……。
2 彼のイニシアティブによって、隈はデザイン・ビエンナーレの一環に招待された。セミナーのタイトルは「建築の境界へ」であった。
3 きらめく、輝くという意味の日本語のオノマトペ。
4 この点において、ここにピエロ・ザニーニに感謝する。

5 マルセイユのプロジェクトのための基本構想（APS：Avant Projet Sommaire）。

6 ドン・ペリニョン財団のプロジェクトのため、「シャンパンの泡のように」つくることを目指した、多孔質化のプロセスについてのもの。

7 ふたりの著者が願うのは、次のようなことである。「建物を見る動きのない視点を、連続的な静止画《フリーズフレーム》のうちの一枚に変化させるために、我々は人工的装置（〔現文直前のエティエンヌ＝ジュール・マレーのケースでは写真銃を〕このケースではそれに加えて理論）を必要としている。それによって建物がいつもそうであるような連続的な流れを、ようやく記録することができるのだ。」（八一頁）。

8 CIRVA社（フランス国際ガラス造形センター）のカタログ（二〇〇七）において、特にジャン＝ピエール・コスへのインタビュー（「ガラスについてのクイズ」）では、ガラスは「頑丈な物質であるにもかかわらず」、「きわめて粘度の高い液体」のようであるとも考えられている。透明さに関して言えば、それは決して明らかではない。「他のものもそうであるように電磁気学的には波動である光と、通り抜ける物質である原子との間の相互作用に立ち戻らなければならない。（……）酸化ガラスは、ほぼ人間の目が知覚することができる、青より小さく、赤より大きい周波数帯を伝導させることがわかっている。しかしガラスは、赤外線に対してはまったく不透明である。これが有名な〝温室効果〟なのである」（一七頁）。

9 ジェームズ・ホラン他が「履歴によって強化されるデジタルオブジェクツ（History-enriched digital objects）」について話していることは、一連の行動に関する記憶を保持し、あるインターフェースにおいて表示する方法を示すことである（Hollan, 1999）。

10 ある側面で、これはベルナール・カッシュとその周辺の人々による仕事であり、「ノン・スタンダードな建築の生成」のために実によく考案された仕組みである。特にそれは「ファブリケーションも合わせて考える建築事務所の生産性」を保証する。とりわけ「〝結合法則associativité〟というソフトウェア的手法」を実践するのであるが、その手法は「最初の仮説的コンセプトから、現場で組み合わされる部材をプレファブでつくる機械を操作するに至るまでの長い連鎖関係を持つ、建築的プロジェクトを構成するものである」

(Beaucé, 2003)。七〇年代にランダムなステレオグラムを生み出すためにアルゴリズムを考案した、ベラ・ユレシュも参照(この情報に関して、フランシス・エドゥリーヌに感謝する)。さらに――特に数学における――〈離散化〉という概念とその限界についても参照。したがって、物質のピクセル化はよい戦略である。物理学者や数学者はそれを「離散化」と名づけ、その可能性を十分に示してきた。結果を得るためには、概算を用い、余計なものを省き、引き算し、割り算し、モデル化し……。ときには離散化されすぎて、得られた情報がまったく使い物にならなくなるが……。

11 バーゼルのロジャー・ディーナー&マルクス・ディーナー。彼がここで参照しているバーゼルの《Forum 3》というプロジェクトは、色とりどりのガラスが重なり合っているようなファサードを持つ。

12 『反オブジェクト』において、ドゥルーズとライプニッツを引きながら、隈は集合としての溶解を参照する。「ドゥルーズは襞についての秀逸な論考において、ライプニッツの物質性に関する感覚を再検討している。ライプニッツにとって、物質は絶対的な硬度を持つ独立した原子(すなわちオブジェクト)からできているわけではないし、完全な流動性を持つ流体(すなわちオブジェクトが図像として立ち上がるための土台)でもない。むしろ物質は集合であり、集合に圧力を加えることによって生まれるものである」(英語版『反オブジェクト』六七頁)。

13 この問題を定式化することを助けてくれたシンポジウム「不可視のカムフラージュと不可視の表示。科学的ヴィジュアライゼーションとカムフラージュ」(ヴェネツィア、二〇〇八年一二月一八―一九日)の参加者に感謝する。

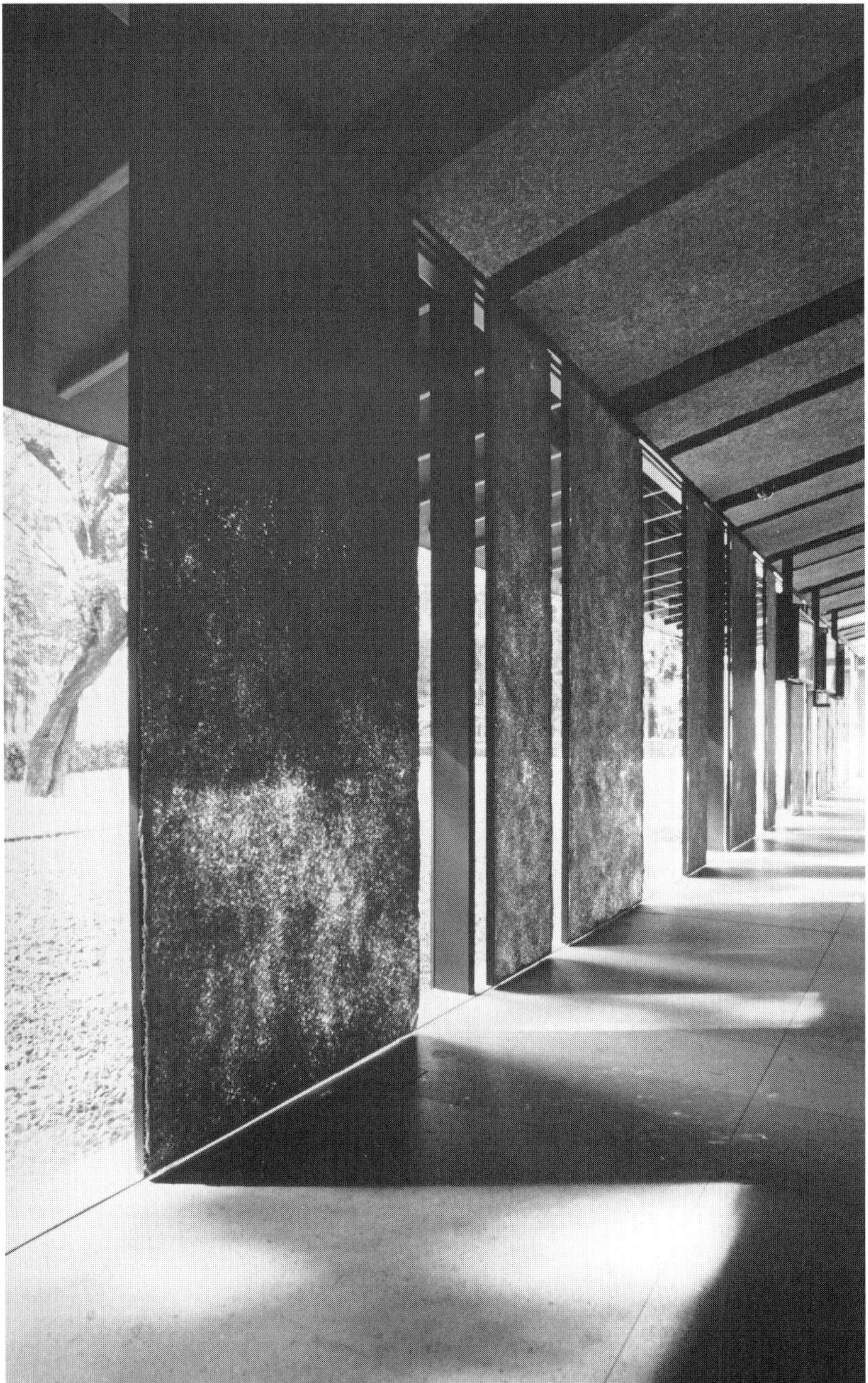

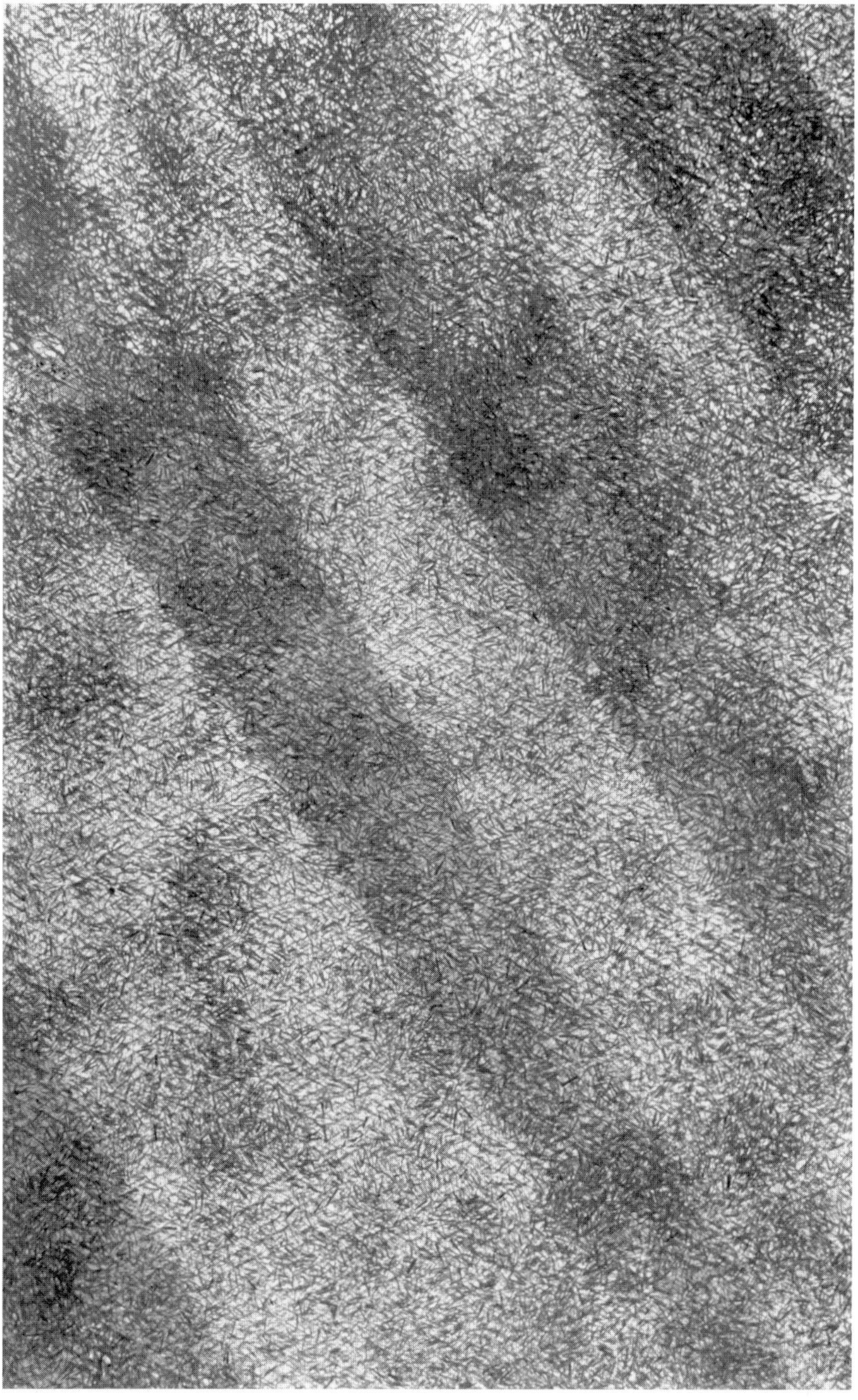

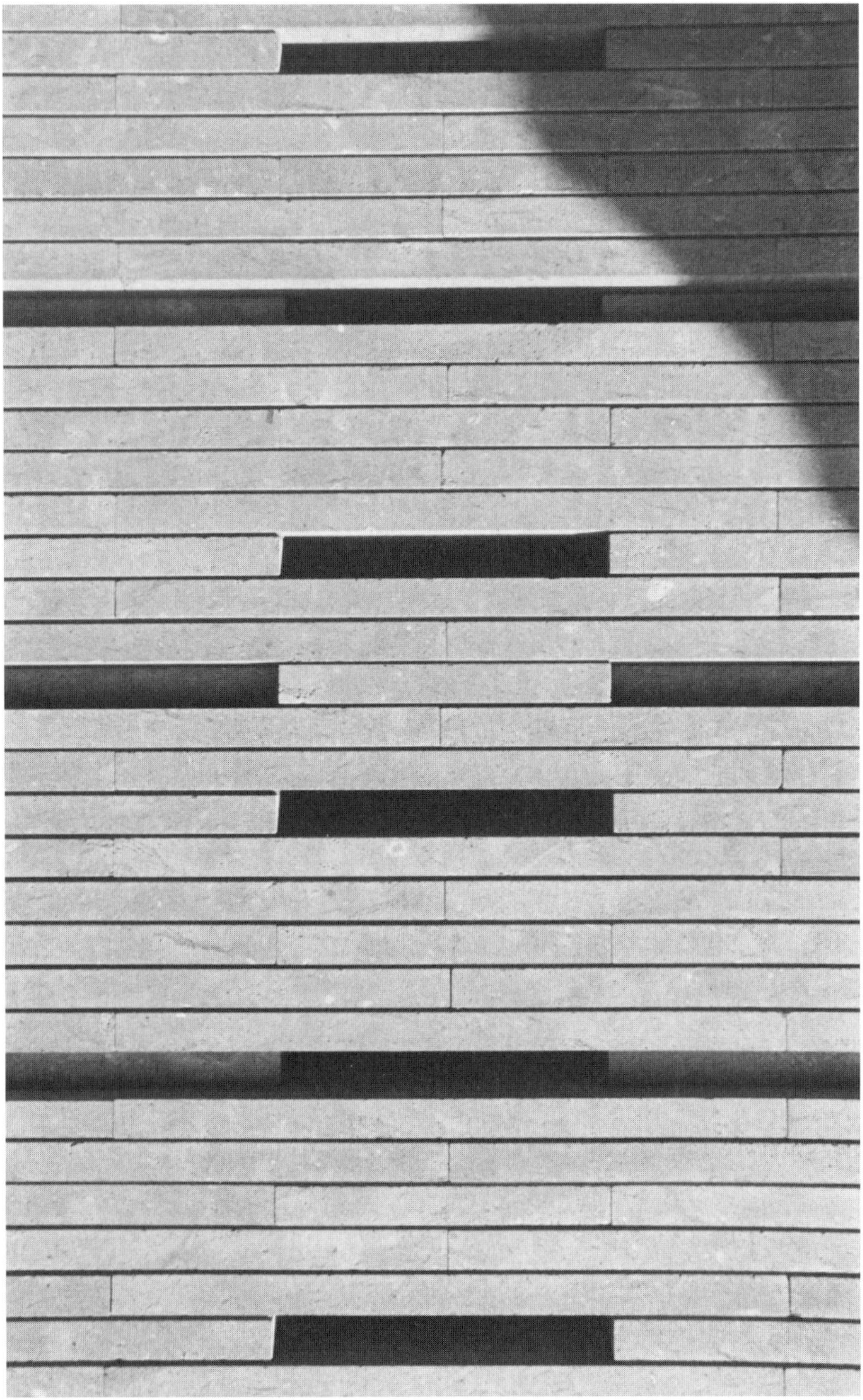

エピローグ：ディテールの問題

「どんなものでもオブジェクトになりえる。そこに、誇るべきことは何もない。むしろ大切なことはいかにオブジェクトを回避するかである」。隈は『反オブジェクト』（一一六頁）でこう書いている。その目的を達するために、何を巻き込み、何に働きかけ、何を時に危険にさらさなければならなかったか、ということを本書の考察の終わりにさしかかった今、私たちはたしかによく理解している。接近して描写される叙述、膨大なディテールは、その建築業務の並外れた密度と独創性を論証するために、余計なものなどではなく、むしろ必要なものである。

建築家たちについて話すこと、彼らが何とともに働き、どのような材料に親しみ、どのような実験に取り組んでいるのかについて話すことは、多くの場合あまり派手さのない手法について報告することである。そしてそれは建築家自身にとっても、しばしば些末で日常的なルーティーンにすぎない。しかし現実には、それはアプリオリに不揃いな世界をつなぐために、いまだ誰も知らぬ架け橋を結集させるという、信じられないほど複雑な手法なのである。日本の木材と3D Studio Maxの「繊細なテクスチャー」をつなぎ、伝統的な日本建築のなかでは分離することのなかった竹のスダレを建物から分離してXXLサイズのルーバーとつなぎ、「調和」と「同調」あるいは素材のマトリックスをつなぎ、ピクセルと雲をつなぐのだ。

明らかに、展覧会や雑誌の特集号、隈が執筆したエッセイ、そして建築そのものから遠ざかることで、得るものも多かった。隈が手がけたプロジェクトを訪れると、彼の建築を特徴づけているものが何なのか記述する欲求にかられてしまうのだ。この世界に新たな〈もの〉を出現させるために事務所のなかでなされている絶え間ない努力に対して公平を期すためには、新たな記述の方法、新たな叙述とヴィジュアル化の方法を考案することが必要になる。すなわち、それは本書とは別の冒険になるだろう。今日のところは、〈ディテール〉について報告することで私は満足である。〈すべて〉のディテール、人間と非-人間の関係のディテール、技術的なディテール、概念的かつ認識論的なディテール、素材のディテールとコンセプトにおけるそれらの正しい位置づけ。

〈小さな人々〉の世界への旅が終わってみてわかったことは、日本でもフランスでも、隈の建築は少なくともふたつの異なるやり方をほぼ毎日繰り返して、入念につくられ続けているということである。第一のやり方は、素材を手に取り、それを〈限界まで絞り込む〉というものである。それは職人の手法である。素材に関する知性を表明すること、それはただ単に素材の特性を知っているということだけでなく、素材を信頼すること、素材それ自身が知性を有していると考えることである。素材への信頼、特に自然素材を信頼することについて、隈は古来より日本で培われてきた知識——素材の〈複数の〉特質や異なる素材との組合わせの可能性についての秘められた知識——に負っている。隈は、第二次世界大戦のさなかに和紙でデザインされた何十もの風船爆弾が太平洋を渡り対岸のアメリカまで到達したという驚くべき話を、聞く者たちに話している。アメリカにおける死者は六名にすぎなかったが、目撃者にとっても将校たちにとってもこの「不思議なもの」を同定することは不可能であった。それはただ和紙を柿渋とコンニャク糊で固めただけのものであった。[1] この素材の思いがけない耐久性が——アメリカ人たちの常識からはとうてい想像することもできなかった自然素材を用いた工程によって、和紙の軽さと脆さが(日本からははるかアメリカまで到達することが可能な)殺傷能力を有する力へと変容され——予測不能で理解不能な戦争機械をつくり出したのである。このエピソードは隈にとって、日本が秘密にしてきた素材の知性を示す実例そのものなのである……。

その出発点から、隈の建築は素材に対して、特に「自然な」素材と呼ばれるものに対するたしかな繊細さを表明していた。隈は、透明性と軽さをつくり出す〈と彼が考えた〉素材を用いた。ガラス、竹などである。彼はある状況のなかで、たとえば石材を使わざるをえなかったときの、ためらいの気持ちを語っている。その挑戦は今では変化しているようだ。歴史や慣習がその素材に割り当ててきた役割とは異なる役割を演じることが可能になるような方策を見つけ出すこと、素材を〈表現し〉、異なるやり方で振る舞うための方策を探すことで「沈黙を打ち破る」のである(『反オブジェクト』一五四頁)。今では、素材の特性を取り去ることは可能であると、隈建築は言っている。そしてあえて〈単声の〉素材、ひとつの声しか持っていないような素材を探し、その素材に別の声を出させる手法を考えだそうというのだ。このとき、問題は素材の限界点を見つけることである。素材に関するテストは、どこまでいけるかを発見することである。ガラスやコンクリートはどこまで他の状態を受け入れることができるのか?

どの程度、異なる役割を受け入れることができるのか？　木材や紙やアルミニウムや大理石の存在可能性に対して、どこまで干渉することができるのか？　それは、素材を習慣的な振舞いとは異なる状態に〈強制することなく〉導くことができるかどうかをテストする、模型やデッサンを用いた実験なのである。

たとえば木材が透明になるという操作は、純粋な特殊効果あるいは詐欺《トリック》としてしか想定できないかもしれない。正確に言えば、それが素材に対する信頼の証である。隈は、素材に対する〈考え抜かれた〉信頼を明示する。実験やテストはいずれも議論を始めるための手段である。彼は素材に関する〈知性〉を表明し、同じく素材のスペシャリスト、エキスパート、素材の特性について深い知識を持った人たち――ある素材について、長い時間をかけて信頼関係を構築し、それをいかにして説明すればよいかを知っている人々――とともにつくりあげた関係性のなかに〈知性〉を表明する。素材と建築家は〈結託〉している。そして重要なのは価値あるスポークスマンを探すことである。そして、その結託と共有された知性は、場所との関係性のなかで再構成される。もし〈職人たちが知識を有している〉とすれば、それは彼が〈本来の場所〉で働いていたからであり、その素材が見出された場における素材と環境の本質的なつながりを解消しなかったからである。透明性をつくり出すこと、あるいはむしろ〈不可識別性〉をつくり出すことと言ったほうがいいかもしれないが、そのためには変化する素材とその環境に共通する特性に注意を払うことが要求される。いかにしてコンクリートが空気の質――単になんでもいい空気ということではなく、ある特定の質を持った空気の質――を〈拝借する〉

ことができるだろうか?

進化する隈建築に見られるもうひとつのやり方は、さまざまな素材を用いてひとつのモチーフを制作することと、それらの材料がモチーフに対してどのような影響を与えているかを見出すことである。それはデザイナーが用いるプロセスである。断片化し、ピクセル化し、最小化することは、これまで見てきたように、建築を消去するという執念について隈が説明するもとなる、豊かな意味論の一部を構成している。モダニティの歴史やオブジェクト性と素材性というコンセプトに深く染み込みながら、彼らのオフィスにおいて、このプロセスはやはりきわめて技術的なやり方で理解される。

素材を消去し、表現を減じながらどこまでいけるかを追求しながら、隈はたとえば「石という物質に固有の寸法体系からの逸脱」を目指す(『反オブジェクト』一五四頁)。その「殺ぎ落とし」は何度も繰り返され、その土地で産出するスレートという素材の限界である四・五ミリにまで達した。これより薄くすると、この素材はもはや〈信頼できる〉ものではない。ひびが入り、割れてしまう。

すべての企てはまた、忘れられたモチーフに立ち戻ることであり、日本の文化と美学に満ちている「小さいもの、あるいは軽いものの重要性」を援用することであり、隈の意見によれば「生活をより豊かにする」空っぽな空間、隙間の空間を、同じく援用することである。この企ては回復の試みであり、技術的には〈蘇生〉の試みである。それはピクセルの仕事であり、残された空っぽの空間にもうまく作用するものである。しかし都市の中心で、ファサードを雲か虹のようなものにするのに最適の配置を見つけ出すためには、長い間探し続けること、何度も別〈ヴァージョン〉を試すことが必要となる。

しかしながら反オブジェクトを志向することは、ここまで見てきたように、非物質化することとはまったく別のことである。〈消去すること〉はきわめて素材性を有した操作なのであり、その存在と変化に基づいて念入りに成し遂げられる。そしてもし隈が、直接的に非素材化や脱領土化（隈 1997, 1997b）を成し遂げるためにヴァーチャルテクノロジーのような新しいツールを用いて、これまで何度かポストモダニズムという軟弱な地盤に踏み込む危険を冒してきたとしても、あえて言えば、彼の革新はそこにあったわけではない。その革新はむしろ、素材をその存在の唯一の様態に限定してしまうのではなく、それらが根源的にあるべき状態のままにしておくということ、すなわち潜在的に変化可能で複合的な存在の様態を許容する姿勢にある。それは素材に対する敬意を主張し、なかでもその多義性と曖昧さに対する敬意を主張するということである。そして、石が石のように振る舞わないことを要求したかと思えば、別の何かを参照しながら木が木であることを要求するのだ。

結局のところ、これは大きな矛盾ではない。なぜなら次のように主張することは矛盾ではないからである。すなわち、一方ではすべてのものは、その〈粒子レベルでは〉、アプリオリには自然に反するように見えるかもしれない特性を明示することができる。他方では、ものの〈イメージ〉はそのもの自身の代わりとはなりえないし、またその価値もない。根本的なことを言えば、隈のように何かを付加するシステムとしてピクセルを扱うこと、必要なものすべてをひとまとめにしてその配置に意味を与える考察と実験をすること、単なるイメージとは異なる〈虹やなんらかの現象といった〉〈効果〉をつくり出すこと、こうしたことのすべては、ポストモダン的な姿勢に含まれる脱構築主義者的な試みよりも、はるかに豊かなものであるように私には思われる。

日本が日本自身の伝統に立ち戻ることを可能にする隈の作品は、日本のエレメントのひとつである。しかしそれはいかにして海外に輸出されうるのだろうか。いかにしてフランスでもそれを成し遂げうるのだろうか。この実験はパリ事務所まで到達した。〈システマティックに〈意見を聞く〉〉隈とのコミュニケーションのシステムは、何が日本的なのかということを確認させてくれるものである。少なくとも、その本質と矛盾するものでないかどうかは確認できる。ニコラは、サラやルイーズやマチューと同様に、日本に滞在し東京事務所に務めた経験を持つ。彼らは皆、海外で雇われたとき、日本への転勤について質問された。出発の準備はできているか？　すぐにでも出発できるか？　まるで日本でしか身につけることができない何かがあるかのように。しかし日本において、それほどまでに本質的な何かが起こっただろうか。さまざまなやり方で彼の思想と建築を表現するのに忙しい隈とコミュニケーションをとるたびに、日本人であるか外国人であるかにかかわらず彼ら若い建築家にとって、何かが起こっただろうか。日本に滞在し、〈電話やメールやファックスやＳＭＳによって〉一日に何十回ものコミュニケーションをとるたびに、階段を上下してエンドレスに往復しているのは〈ディテール〉である。隈建築がそれと認識されるために、隈は無数のディテールをつくらせ、それらのディテールはひとつとして彼から〈逃れることはできない〉のだ。

結局、建築家とプロジェクト、プロジェクトと素材、素材とその素材を表現するデヴァイスとを、そのつねに独特な横糸によって結びつけている緊密な織物のなかで、人間と非-人間とは交換可能な位置を占めているように見える。隈がプロジェクト・マネージャーを務める――それぞれの人間と非-人間とが決して最終的な存在論に帰せられることなく参加できるような――創造のプラットフォームをデザインするという挑戦。この実験はそこで生まれているのだ。

1　隈はこの組合わせに敬意を払い、《高柳町 陽の楽屋》でファサードと床を和紙でデザインした。

ポスト・プロダクション

本書は位相のずれた、型にはまらない手法で書かれたものである。この文章は、何年かの間を開けた、東京とパリで行った現地調査に基づくものであり、後になってパリで行われた調査は、それより何年も前に東京で観察したことを私が理解できるようになってから行われたものである。撮影された写真は、本文中にコマ状に配置されたものは一連の作業を再構成して並べたもの、進行中の建築コンセプトのための素材の媒体であり、私の記述と同時期のものである。これらの写真は私の手帳と対になって、民族誌学的な視点をつくりだす。それは何かを例示するというよりもむしろ、編集と分析に役立つ、小さく断片化された出来事である。港千尋の写真はそれとは独立した主導権《イニシアチブ》から生まれたものである。現地調査を終え、私が原稿に取りかかっていたとき、港自身もまた、完成した敷地に赴き、建物を訪問し、可能なときにはそこに滞在するという、隈の創造の世界への探検を始めた。(建物全体を見せることなく隈の建築を示すという)制限のもとでこの仕事をするのと平行して、彼は私が書いている途中のテクストを読んだ。彼は定期的に隈自身ともコンタクトをとり、撮影した写真を一緒に眺めた。代わりに隈は、次に訪れるべき新しいプロジェクトへと彼を誘うのだった。私は私で、それらの写真のなかに隈の活動を見出す努力を続けていた。そのときの私にはまだ見えなかった、新たな示し合わせをつくりだしているつながり——素材のなかのつながり、スケールのなかのつながり、プロジェクトのなかのつながり、コンセプトのなかのつながり——を追い求めながら。

こうして本書とその議論は、その編集作業が終わる最後の瞬間まで続くことを意図してつくられたのである。

日本語版へのあとがき

隈 研吾

ソフィー・ウダールという人類学者から、われわれの設計事務所を研究し、設計プロセスをのぞきたいという申し出を受けたのは二〇〇一年である。その日付が絶妙であったと、今にしてみれば気づく。二〇〇一年は、僕の事務所にとっても僕自身にとっても、大きな転機であった。

愛知万博(二〇〇五年開催)という国家イベントに、会場計画委員会のリーダーとして関わり、しかも最終的には愛知万博会場設計チームから外された。その直後だったのである。二〇〇一年というのは、そういう年であった。

本書のなかで、万博について尋ねるソフィーに対する、僕の無愛想なリアクションが語られる。「もうすべてから手を引いた」と答え、「隈はこの件について話を続けようとはせず、明らかに他の話題に移ろうとした」。

この万博体験については、今まであまり語ってこなかったし、わざわざ語りたい話題でもないのだが、僕という建築家の二〇〇〇年以降の人生には、かなり大きな意味を有していると思うので、自分なりに整理してみたい。

ひと言で言えば、二重の意味で、僕は自分に向いていないことに関わったと感じた。「自然の叡智」という愛知万博のテーマが、僕向きでなかったわけではない。向いていなかったのは、委員会の座長をしたということである。しかも万博の。

まず委員会という上位の決定機関がイニシャティブをとって、建築のデザインをリードしようという「現代的システム」が、こんなにまどろっこしくて、無意味で、時間の無駄だということを思い知った。

委員会という形式については、スラボイ・ジジェクが辛らつな分析を行っている。政治家の強力なリーダーシップは失われ、マスコミやネットによるネガティブチェックのみが肥大した現代社会のなかで、官僚機構によって決定された政策を実現するための唯一可能なプロセスが委員会だと、ジジェクは見抜いた。中途半端に見識があり、中途半端に権力志向な有識者による、委員会という名の隠蔽機構に依存する途しか、現在の社会には残されていないという民主主義の現実を、ジジェクはあっさりと暴いている。

委員会は決定と責任を背後に隠蔽するための巧妙なシステムである。そのために、驚くほどに無意味で長い時間が浪費される。日本は委員会システムを、さらに洗練し、冗長なものへと進化させていた。

委員長であったにもかかわらず、僕は何の決定をすることも許されていなかった。世の中とはこういうものだったのか。万博とはこういうものだったのか。おそまきながら教えてもらった。委員会によって決定された万博会場のコンセプトにしたがって、「環境にやさしく」、

「地球にやさしい」会場を目指して、壁面緑化と太陽光パネルをコピー&ペーストしただけの退屈なパビリオン群が、手慣れた設計事務所と巨大な建設会社によって自動的に建設されていく。委員長はただそれを見守るのである。洗練され、抵抗のしようがないシステムによって、委員長は見事に現実からキックアウトされた。そもそも、最初からキックアウトされていたのである。

そうとわかったなら、一刻も早く、小さなものに帰ろう、ディテールに帰ろう。駆け足で「委員会」の会議室を後にして、小さなものたちが待っている僕のアトリエに帰ったのである。

そのアトリエに、驚くほどに知的で、哲学的で、しかも好奇心たっぷりのソフィー・ウダールという天使が待っていたのは、偶然とは思えない。ソフィーにはソフィーの側で、天使側の事情があった。このアジアの果ての設計事務所に来なければならない事情、必然があったように、僕には感じられた。

ソフィーは、フランスの人類学者ブルーノ・ラトゥール（一九四七年生）の弟子で、現在フランス国立科学研究所の終身研究員である。ラトゥールはフーコー、デリダ、ドゥルーズに続くフランスの思想家の新しいリーダーで、Actor-Network-Theory、略してANTで知られる。彼が言うところのアクター（役者）とは、人間だけではなく、さまざまな物の群れも含んだゆるやかな集合体である。世界とは物と人のすべてを包含したクラウド状の集合体だというのが、アクター・ネットワーク・セオリーの出発点である。

彼の上の世代、脱構築世代の思想家たちは、サブジェクト（主体）の解体を徹底して試みたが、依然として、人間中心主義という西洋哲学の基本型からは抜け出せなかったと、ラトゥールは批判する。主体の独善性をいくら批判しても、人間だけしか見ないという西洋哲学的枠組みからは少しも出られなかったというわけである。ソフィーはラトゥールのANTの方法論を引き継いで、具体的な事例、たとえば建築のなかで物と人とがどんな形で協働するかを観察するのである。建築は西洋哲学が、抜け出そうとしてついに抜け出せなかった人というフレームを抜け出すのに、願ってもない絶妙の対象だと彼女は考えたのである。

そのラトゥールが、アルベナ・ヤネヴァと連名で著した、レム・コールハース論 "GIVE ME A GUN AND I WILL MAKE ALL BUILDINGS MOVE: AN ANT'S VIEW OF ARCHITECTURE." (2008)(ここでANTはActor-Network-Theoryの略だが、蟻〔ant〕との掛言葉、すなわち巨視的ではなく、微視的な蟻の目からの建築論になっているのは明白である)は、現代建築の現状に対する、もっとも鋭利な批判であると、僕は直感した。ここでいうgunとは、フランスの生理学者、エティエンヌ＝ジュール・マレ(一八三〇—一九〇四)が発明した写真銃のことで、マレは、雁の飛行や、人間の運動などを、このgunによって、固定しビジュアライズした。ラトゥールとヤネヴァは、この固定作業の真逆のファンクションを持つgunを提案する。そのgunさえ発明できれば、固定されて退屈なものと見なされて、二〇世紀後半以降、徹底的に社会から敵視されてきた建築というこの鈍重な存在自体を、動きのある流動的なものとして再発見し、救出できるのではないかと提唱したのである。

この論は、彼以前の脱構築主義者の建築批判の形式を完全に反転した。フーコー、デリダ、ドゥルーズの建築論とは、ひと言で要約すれば、建築の固定性、不動性の批評であった。人間というどうしようもないほどに流動的なもののためにあるはずなのに、なぜ建築は固定された退屈なものとしてしか出現しないのかと、彼らは建築を弾劾した。

彼らと近い関係にあった、ピーター・アイゼンマンや磯崎新も、基本的には、同じようなロジックを用いて、建築批判を行った。設計プロセスへのコンピュータ・テクノロジーの導入によって、パラメーターを変化させることで、自由に形態を創造することのできるパラメトリック・アーキテクチャーが一九九〇年代のブームとなったことも、この固定性批判と連動した。いくらでも建築を自由に変形できる設計ツール（パラメトリック・デザイン）を手に入れたにもかかわらず、なぜわれわれは建築を最終的には固定せねばならないのかと、アイゼンマン、磯崎たちは勇ましく問いかけたのである。

その固定を行う主体としての権力、制度（たとえば委員会システム）が批判された。もっとも厳しく批判されたのは、固定作業の主役としての建築家そのものであった。その語り口を通して、脱構築哲学が、建築界へ流れ込んだのである。磯崎、アイゼンマン、デリダらは共同で建築批判を繰り返した。それが二〇世紀建築論壇における、世紀末ファッションとなって、全員が建築をののしった。八〇年代以降の建築論は、ひと言で言えば固定性批判であった。

その語り口をラトゥールは反転したのである。「建築は少しも固定されてはいないじゃない」とさらっと言ってのけて、先輩たちの硬直したロジックを一笑した。その開き直りこそが、ラトゥールの圧倒的に面白いところだと、僕は感じる。われわれはユークリッド空間の中に住んでいないにもかかわらず、建築をユークリッド空間のなかの存在だと考えるから、建築が固定されていると錯覚するのだと、ラトゥールは説く。彼は建築を根本から再定義し、僕らの生きている空間自体を再定義してみせたのである。

では、われわれは実際どんな空間のなかに住んでいるのだろうか。それについてラトゥールは明確な答えを与えてはくれない。「ユークリッド空間を忘れろ、ユークリッド空間を大前提とする透視図法というメソッドを捨てろ」とは言うが、それ以上ラトゥールは踏み込まず、ヒントも与えてくれない。ANTはそこで立ち止まっていた。

ソフィーが僕らのアトリエを訪れたのは、師であるラトゥールが出さなかった答えを、建築をつくっている現場のなかで探しに来たからではないか。今、振り返ると、あちら側のそんな事情も見えてくるのである。

そして、ソフィーが僕らのアトリエで見つけたのは、小さくて具体的なことばかりを、延々と、ああだこうだと検討し続け、おしゃべり(議論ではない)し続けている小さな人々であった。小さな人々が小さなものたちと、エンドレスにたわむれ続けているのである。ant(蟻)が小さな砂粒や小さな食べ物とたわむれ続けているように、僕らも小さなものと飽きもせずに遊び続けている。

ソフィーはこんな洒落た名前を僕らにつけた。僕はこの名前が、とても気に入っている。村上春樹の小説のなかにも「小さな人々」は登場して、僕ははっとした。自分たちの生活が村上にのぞかれているように感じたからである。大きな人々が、とっくのとうに小さな人々にとって代わられていることを、村上は小説にしたのである。政治にも建築にもどこにも、大きな人々はもういないのである。

僕らは小さなものをどうつくるか、どう組み立てていくかに異常に関心があって、小さなものの周りで、毎晩遅くまで、ずっとおしゃべりを続けている。どんな種類の木を使おうかとか、大きさはどのくらいにしようかとか、角はとんがらせようか、まるめようかとか、その木の板と隣りの木の板の隙間はどのくらいにしようかとか、その隙間に手を入れると何ができるかとか、そういうたぐいの検討、あるいはおしゃべりが終わりなく延々と続いていく。それがいつの間にか大きくて曖昧な、雲のような全体に近づいていく。そのエンドレスのおしゃべりに、ときどき僕も加わるが、僕が入ってきても、蟻さんのおしゃべりのリズムは変わらない。僕は知らぬ間にそこに入ってきて、知らぬ間にまたいなくなるのである。

ソフィーもまた知らぬ間に入ってきたり、出ていったりした。挨拶せずに出入りする、その間の取り方が絶妙だった。彼女も小さな人の仲間だから、それができたのだろう。ソフィーは蟻のおしゃべりを、ぬすみ聞きして、おしゃべりのリズム、粒子感を見事にテキストへと写しかえた。その結果、このテキスト自身が、このリズムに乗って音楽のようにも雑音のようにも展開する。研究論文風でもなく、エッセイ風でもなく、まったく独特な散文が、ここに生まれた。

僕らのアトリエのルポ、取材は山ほどあったが、ソフィーのような形で、僕らの仕事の進め方の、本質的な特異性を見つけ出せた人は他にいない。彼女はストーリーをいっさい捜そうとせずに、ドラマを見つけようとせずに、リズムにだけ、聞き耳を立てた。

僕らの事務所を訪れたほとんどのジャーナリストはイライラしている。特にテレビの取材者はヒステリックになって、「もっとドラマチックな一瞬ってないんですか」と僕を詰問する。クリエイターやアーティストのルポでは、そういう「ドラマチックな一瞬」がお約束である。その一瞬で流れが変わり、そのひと言でデザインが大きく転換する。人間中心主義に立てば、世界はドラマであり、大きな人間がドラマの流れをつくっていく。メリハリや起承転結といったドラマのお約束を前提に、依然として映画もテレビも成立している。

でも僕らのアトリエには、そんなドラマはない。特別な一瞬はやってこない。時間はそんな風には流れない。小さな人々は、蟻のように、目の前にある具体的な物とたわむれているだけである。外でどんな大事が起ころうと、政権が転覆しようと、どんな大雨が降ろうと、僕らが動かすことができるのは、目の前の砂粒だけなのである。しかも砂粒とたわむれることは、結構楽しくもあるのである。ソフィーは、しばしば、砂粒と遊んでいる僕らのことを、とてもうらやましそうな目で見ていた。でも、次の一瞬にはもういないんだけど。

砂粒との終わることのない格闘が、建築というものの本質である以上に、生物というものの本質ではないかと、今の僕は考えている。生きるということはそういうことなのである。そこに世界の本質があることをソフィーは見抜いて、見事に言葉に写しかえた。

人類学者が建築設計事務所を取材し、研究したということが特別なのではない。僕らの方法の特異さにソフィーという耳のいい蟻さんが気づいて、その蟻さんにはおしゃべりのすべてが聞こえたことが、特別な出来事だったのである。まさに、彼女の耳は、マレの写真銃と同じくらいに、特別だった。その特別な耳に、少し感動した。今必要な銃って、実は耳のことだったのかもしれない。

なぜ、僕らはこんな仕事のやり方をするのだろうか。砂粒だけを相手にするのだろうか。建築をえらそうなものにしたくないからである。設計する自分たちも、えらそうでいたくなくて、小さいままでいたいからである。

そんな気持ちは、ラトゥールの抱えている、「建築を動かしたい」という問題意識ととても近い。ラトゥールは特別な銃があれば、建築を動かせる、動いていることがわかっちゃうと指摘した。建築を構成する単位が砂粒みたいに小さいこと、その単位が隙間を空けてたくさん集まっていることと、「建築が動く」ことがどう関係しているのかを、ソフィーは説明していない。あるいは建築がユークリッド的ではなく、透視図法ではないことと、建築が砂粒であることがどうつながるかを、ソフィーは論証しない。それを論証するのは僕のほうの仕事である。

だから僕が最後に、建築の専門家として小さな補足をする。ユークリッド的、透視図法的な見方で建築を見ると、建築のなかの「小さなもの＝砂粒」は消えてしまって、形態という、僕らにはどうしようもないほどに大きくて、動かしようのないバケモノが出現してしまう。形態というバケモノをどう操作するかに、建築家という種族は血道をあげてきた。しかし、今や形態に興味があるのは建築家や建築学科の学生ぐらいであって、僕らが実際に住んでいるのは、形態とはまったく関係のない、ゆるくて軽やかで、流れ続ける空間なのである。物と人がゴチャゴチャと、こちゃこちゃと錯綜し、ドロドロ、サラサラと変化し続ける空間である。マレの写真銃を逆向きにして使えば、砂粒のように分解された、建築が少しも固定されていないでドロドロ、サラサラ、パラパラと流れ続ける様子が見えるだろう。

僕らにとってとりあえず重要なのは、ユークリッド空間に代わる空間論の論理的構築ではない。この場所で新しいリズムが生まれつつあることを感じてもらうこと、リズムに乗ってスキップを始めることのほうがよっぽど大事だと、ソフィーも僕も考えた。読者もまた、リズムに乗れさえすれば、自動的にユークリッドも透視図法も消えていく。哲学が転換し、世界が変わる一瞬というのは、いつもそのようにさりげないものである。

最後にひと言添えれば、ここに収められた「小さなものたち」の写真は、写真家、映像人類学者の港千尋の手とカメラによる。

実は港もまた僕と同時に愛知万博に関わり、僕と同時に、そこから出ていった。愛知万博という大きなものをつくるために大きなシステムがあった。その大きさのつまらなさを、僕らは同時に味わった友人であり、同士である。そのめんどうくさい体験の後で、二人で一緒に小さな仕事をすることができて、とても楽しかった。

砂粒ほどに、素敵なものはない。

参考文献

◆モノグラフ

・隈研吾『スペースデザイン（ＳＤ）デジタルガーデニング』No.398 鹿島出版会、一九九七
・隈研吾『JA-The Japan Architect』No.38 新建築社、二〇〇〇
・隈研吾『マテリアル・ストラクチュアのディテール』彰国社、二〇〇三／Birkhäuser, 2004
・Botond Bognar (ed.), (2005), *Kengo Kuma:Selected Works*, New York:Princeton Architectural Press.

◆その他

・隈研吾『グッドバイ・ポストモダン―11人のアメリカの建築家』鹿島出版会、一九八九
・隈研吾『新建築入門』ちくま新書、一九九四
・隈研吾『建築の危機を超えて』ＴＯＴＯ出版、一九九五
・隈研吾「慰霊空間Ｉ、Ｉ′」坂村健、鈴木博之（編）『バーチャルアーキテクチャー展：建築における可能と不可能の差』東京大学デジタルミュージアム、一九九七
・隈研吾『反オブジェクト―建築を溶かし、砕く』ちくま学芸文庫、二〇〇〇
・隈研吾「弱い建築」『GA Architect』No.19, pp.8-14, A.D.A. EDITA Tokyo, 二〇〇五ａ
・隈研吾『自然な建築』岩波書店、二〇〇八ｂ
・鈴木博之、隈研吾「A return to materials」『JA-The Japan Architect』No.38:pp.4-5 新建築社、二〇〇〇
・Kengo Kuma (2002) "Architecture and Nature", in K.Lehtimäki (ed.), *Kengo Kuma. Spirit of Nature Wood Architecture Award 2002*, Hämeenlinna:Wood in Culture Association.
・Kengo Kuma (2005b) "Persiennes japonaises-Bureaux LVMH, One Omotesando, Tokyo (Japon)", *Techniques & Architecture*, n°477:pp.36-39.
・Kengo Kuma (2008), *Anti-Object*, London:AA Publications.

・Alexander, C., (1971〔1969〕), *Notes sur la synthèse de la forme*, Paris:Dunod.
・Berque, A., (1995), "Le monde est-il notre langage? Médiance et logique du lieu chez Watsuji et Nishida", in P. Beillevaire et A. Gossot (eds.), *Japon Pluriel*, Arles:Philippe Picquier.
・Berque, A., (2000), *Logique du lieu et dépassement de la modernité*, Athènes:Ousia.

- Berque, A.,(2005), *Le sens de l'espace au Japon*, Paris:Editions Arguments.
- Beaucé, P. et Cache, B., (2003), "Vers un mode de production non standard", in *Fresh Architecture*, Wien, New York: Springer Wien New York.
- Borillo, M. et Goulette, J-P., (eds.), (2002), *Cognition et création. Explorations cognitives des processus de conception*, Wavre:Mardaga.
- Boudon, P., (ed), (1991), *De l'architecture à l'épistémologie, la question de l'échelle*, Paris:PUF.
- Boudon, P., (1991), "L'échelle comme phénomène:différences d'échelles", in P. Boudon(ed.), *De l'architecture à l'épistémologie, la question de l'échelle*, Paris:PUF, pp.67-97.
- Boudon, P., Deshayes, P., Pousin, F., et Schatz, F.,(eds.), (1994), *Enseigner la conception architecturale-Cours d'architecturologie*, Paris:Editions de la Villette.
- Boudon, P., (2004), *Conception*, Paris:Editions de la Villette.
- Bucciarelli, L.,(1994), *Designing Engineers*, Cambridge, Massachusetts:The MIT Press.
- Callon, M.,(1996), "Le travail de la conception en architecture", *Situations-Les Cahiers de la Recherche Architecturale*, n°37:pp.25-35.
- Carpo, M., (2001), *Architecture in the Age of Printing Orality, Writing, Typography, and Printed Images in the History of Architectural Theory*, Cambridge, Massachusetts:The MIT Press.
- CIRVA, (2007), *L'artiste, l'atelier, le verre*, Italie:Xavier Barral.
- Conan, M., (1990), *Concevoir un projet d'architecture*, Paris:L'Harmattan.
- Conder, J., (2004〔1878〕), "Quelques réflexions sur l'architecture", in Y. Nussaume(ed.), *Anthologie critique de la théorie architecturale japonaise-Le regard du milieu*, Athènes:Ousia, pp.54-63.
- Damisch, H., (1993), *L'origine de la perspective*, Paris:Flammarion.
- Durand, J-P., (2003), *La représentation du projet-comme instrument de conception Approche pratique et critique*, Paris:Editions de la Villette.
- Geertz, C., (1998), "La description dense:Vers une theorie interprétative de la culture (Thick description:Towards an interpretive theory of culture)", *Enquête*, n°6:pp.73-105.
- Goodman, N., (1990), *Langages de l'art. Une approche de la théorie des symboles*, Paris:Editions Jacqueline Chambon.
- Grimaud, E., Houdart, S., et Vidal, D., (eds.), (2006), "Artifices et effets spéciaux", *Terrain*, n°46.
- Grosz, E., (1997), "Cyberspace, Virtuality, and the Real:Some Architectural Reflections", in Davidson(ed.), *Anybody*,

New York, Cambridge, Massachusetts: The MIT Press, pp.108-117.
- Henderson, K., (1999), *On Line and On Paper. Visual Representations, Visual Culture, and Computer Graphics in Design Engineering*, Cambridge, Massachusetts: The MIT Press.
- Hladik, M., (2005), *Traces et fragments dans l'esthétique japonaise*, Wavre: Mardaga.
- Hollan, J. D., Hutchins, E., and Kirsh, D., (1999), "Distributed Cognition: A Few Foundation for Human-Computer Interaction Research", *TOCHI*, n°7, 2: pp.174-196.
- Houdart, S., (2002), "L'image ou sa dissolution au moment de la préparation de l'Exposition internationale japonaise de 2005", *Autrepart*, n°14: pp.141-166.
- Houdart, S., (2006), "Des multiples manières d'être réel. Les représentations en perspective dans le projet d'architecture", *Terrain*, n°46: pp.107-122.
- Houdart, S., (2007), *La cour des miracles. Ethnologie d'un laboratoire japonais*, Paris: CNRS Editions.
- Houdart, S., (2008), "Projeter en architecture: De mises en page en mises en formes", in Brigitte Baptandier et Giordana Charuty (eds.), *L'hétérogène de l'écriture. Le texte en filigranes*, Société d'Ethnologie: pp.207-236.
- Isozaki, A., (2006), *Japan-ness in Architecture*, Cambridge, Massachusetts: The MIT Press.
- James, W., (2007〔1907〕), *Le pragmatisme*, Paris: Flammarion.
- Latour, B. et Woolgar, S., (1993), *La vie de laboratoire-La production des faits scientifiques*, Paris: La Découverte.
- Latour, B. and Weibel, P., (eds.), (2002), *Iconoclash: Beyond the Image Wars in Science, Religion and Art*, Karlsruhe, Cambridge, Massachusetts: ZKM: The MIT Press.
- Latour, B., (ed.), (2005), *Making Things Public. Atmospheres of Democracy*, Karlsruhe, Cambridge, Massachusetts: ZKM: The MIT Press.
- Latour, B. et Yaneva, A., (2008), "'Give me a gun and I will make all buildings move': an ANT's view of architecture", in R. Geiser (ed.), *Explorations in Architecture: Teaching, Design, Research*, Basel: Birkhäuser.
- Latour, B., "Sur un livre d'Etienne Souriau: Les Différents modes d'existence", http://www.bruno-latour.fr/articles/article/98-SOURIAU.pdf, consulté le 6 janvier 2009.
- Lehtimäki, K., (ed.), (2002), *Kengo Kuma-Spirit of Nature Wood Architecture Award 2002*, Helsinki: Wood in Culture Association.
- Leach, N., (1997), *Rethinking Architecture: Reader in Cultural Theory*, New York: Routledge.
- Mertz, M., (2004), "Redécouvrir le bois: une approche technique, esthétique et artistique des traditions artisanales", in

Pascal Griolet et Michael Lucken, (eds.), *Japon Pluriel 5*, Paris: Philippe Picquier.
- Mitchell, W. J., (1992), *The Reconfigured Eye-Visual Truth in the Post-photographic Era*, Cambridge, Massachusetts: The MIT Press.
- Moreau, D., (2004), "La petite fabrique d'effets spéciaux-Artefactory au générique", *L'Architecture d'Aujourd'hui*, n°354: pp.72-79.
- Nussaume, Y., (2004), *Anthologie critique de la théorie architecturale japonaise*-Le regard du milieu, Athènes: Ousia.
- Pavarini, S., (1999), *Kengo Kuma-Geometries of Nature*, Milan: L'Arca Edizioni.
- Perez-Gomez, A., (2002), "The revelation of order-Perspective and architectural representation", in K. Rattenbury (ed.), *This is not architecture*, London, New York: Routledge, pp.3-25.
- Piette, A., (1996), *Ethnographie de l'action-L'observation des détails*, Paris: Editions Metailié.
- Pollack, S., (2006), *Esquisses de Frank Gehry*, SP Architecture Productions LLC.
- Pousin, F., (1991), "La représentation: virtualité de la figure architecturale", in P. Boudon (ed.), *De l'architecture à l'épistémologie, la question de l'échelle*, Paris: PUF, pp.119-144.
- Rattenbury, K., (ed.), (2002). *This is not architecture*, London, New York: Routledge.
- Robbins, E., (1994), *Why architects draw*, Cambridge, Massachusetts: The MIT Press.
- Serraino, P., (2002), "Framing icons-Two girls,- two audiences. The photographing of Case Study House #22", in K. Rattenbury (ed.), *This is not architecture*, London, New York: Routledge, pp.127-135.
- Simon, H., (2004), *Les sciences de l'artificiel*, Paris: Gallimard.
- Sloterdjik, P., (2002), *Bulles, Sphères l.*, Paris: Fayard.
- Sloterdjik, P., (2006), *Le palais de cristal. A l'intérieur du capitalisme planétaire*, Mayenne: Maren Sell Editeurs.
- Vinck, D., (1999), *Ingénieurs au quotidien. Ethnographie de l'activité de conception et d'innovation*, Grenoble: Presses Universitaires de Grenoble.
- Yaneva, A., (2005), "A Building is a 'Multiverse'", in B. Latour and P. Weibel (eds.), *Making Things Public-Atmospheres of Democracy*, Karlsruhe, Cambridge, Massachusetts: ZKM Center for Art and Media Karlsruhe, The MIT Press, pp.530-535.
- Yaneva, A., (2008), "How Buildings 'Surprise': The Renovation of the Alte Aula in Vienna", *Science Studies*, n°1: pp.8-28.
- Yaneva, A., (2009), *The Making of a Building A Pragmatist Approach to Architecture*, Oxford: Peter Lang.

写真クレジット

◆ソフィー・ウダール
・五一、五二、五八、六二、九六、一二五、一七八頁

◆港 千尋
・隈研吾建築都市設計事務所：二一、四二頁
・那珂川町馬頭広重美術館：カバー表一、表紙、一〇五、一〇六、一三八、一九一頁
・銀山温泉 藤屋：カバー表四、一一、七六、一二五、一四〇、一四二、一九二、一九三頁
・那須歴史探訪館：一〇四、一〇七、一八八、一八九頁
・石の美術館：一九〇頁

・図版使用については、隈研吾建築都市設計事務所、那珂川町馬頭広重美術館、銀山温泉 藤屋、那須歴史探訪館、白井伸雄＋石の美術館の皆様に御礼申し上げます。

訳者略歴

加藤耕一（かとう・こういち）

西洋建築史・建築理論。東京大学大学院工学系研究科建築学専攻准教授。一九七三年東京都生まれ。一九九五年東京大学工学部建築学科卒業、二〇〇一年同大学院博士課程修了。博士（工学）。二〇一一年より現職。

著書に『ゴシック様式成立史論』（中央公論美術出版、二〇一二年）、『「幽霊屋敷」の文化史』（講談社、二〇〇九年）、など。共訳書にペルーズ・ド・モンクロ『芸術の都パリ大図鑑　建築・美術・デザイン・歴史』（三宅理一監訳、西村書店、二〇一二年）、フローラ・サミュエル『ディテールから探るル・コルビュジエの建築思想』（加藤道夫監訳、丸善出版、二〇〇九年）など。

翻訳担当箇所：作品のモチーフ、エピローグ：ディテールの問題、ポスト・プロダクション

桑田光平（くわだ・こうへい）

フランス文学・表象文化論。東京大学大学院総合文化研究科准教授。一九七四年広島県生まれ。二〇〇九年パリ＝ソルボンヌ大学フランス文学・比較文学科博士課程修了。博士（文学）。東京外国語大学講師を経て、二〇一三年より現職。

著書に『ロラン・バルト――偶発事へのまなざし』（水声社、二〇一一年）。共編著に *Réception de la culture japonaise en France depuis 1945* (Honoré Champion, 2016)。訳書にル・コルビュジエ／ポール・オトレ『ムンダネウム』（山名善之との共訳、筑摩書房、二〇〇九年）、ロラン・バルト『中国旅行ノート』（筑摩書房、二〇一一年）、ジョルジュ・ペレック『給料をあげてもらうために上司に近づく技術と方法』（水声社、二〇一五年）など。

翻訳担当箇所：序論、アプローチのテクニック、存在することへ向かって

松田 達（まつだ・たつ）

建築家。武蔵野大学工学部建築デザイン学科専任講師。松田達建築設計事務所代表。一九七五年石川県生まれ。一九九九年東京大学大学院工学系研究科建築学専攻修士課程修了。隈研吾建築都市設計事務所を経て、文化庁派遣芸術家在外研究員として渡仏、パリ第12大学パリ都市計画研究所にてDEA課程修了。東京大学先端科学技術研究センター助教を経て、二〇一五年より現職。

作品に《JAISTギャラリー》ほか。共著に『記号の海に浮かぶ〈しま〉（磯崎新建築論集2）』（岩波書店、二〇一三年）、『ようこそ建築学科へ！建築的・学生生活のススメ』（学芸出版社、二〇一四年）、『建築系で生きよう。』（総合資格学院、二〇一五年）ほか。

翻訳担当箇所：消去のプラグマティクス

柳井良文（やない・よしぶみ）

建築史、建築理論、建築情報学。YKK AP株式会社 窓研究所研究員。一九八四年東京都生まれ。二〇一五年東京大学大学院工学系研究科建築学専攻博士課程修了。博士（工学）。二〇一五年より現職。

共著に『窓と建築の格言学』（五十嵐太郎＋東北大学五十嵐太郎研究室編、フィルムアート社、二〇一四年）、『建築の際―東京大学情報学環連続シンポジウムの記録』（吉見俊哉監、南後由和編、平凡社、二〇一五年）など。

翻訳担当箇所：謝辞、はしがき、環境の中の建築

小《ちい》さなリズム　人類学者《じんるいがくしゃ》による「隈研吾《くまけんご》」論《ろん》

発　行　二〇一六年九月一五日　第一刷発行

著　者　ソフィー・ウダール＋港《みなと》千尋《ちひろ》

訳　者　加藤耕一《かとうこういち》（監訳）・桑田光平《くわだこうへい》・松田《まつだ》達《たつ》・柳井良文《やないよしぶみ》

発行者　坪内文生

発行所　鹿島出版会
〒一〇四―〇〇二八　東京都中央区八重洲二丁目五番一四号
電話　〇三（六二〇二）五二〇〇
振替　〇〇一六〇―二―一八〇八八三

本文レイアウト　田中文明

カバーデザイン　工藤強勝＋生田麻美

印刷・製本　壮光舎印刷

ISBN 978-4-306-04641-2 C3052 Printed in Japan

本書の内容に関するご意見・ご感想は左記までお寄せください。
URL: http://www.kajima-publishing.co.jp
e-mail: info@kajima-publishing.co.jp